Para enviar sus comentarios sobre el libro
o agendar lecturas,
presentaciones o talleres con la autora,
por favor, visite la página LauraIsabelFigueroa.com

Diseño original de la portada: Genar Alay
Diseño y formato del libro: Omar Baños
Foto de la contraportada: Jennifer Esteban

Library of Congress Catalog Card No: TXu 2-057-092

ISBN: 978-1-7923-2503-8

DEDICATORIA

A mis padres,
por regalarme la vida y mil bendiciones más.

A mis hermanos y hermanas,
por ser mis maestros de vida.

A mis mentores,
por apostarle a mis sueños.

A mis amigos,
por quererme tal cual soy.

A la vida,
por el privilegio de servir.

AGRADECIMIENTOS

Agradezco especialmente a mi gran amigo y mentor de escritura y literatura Omar Baños, por creer en mí como escritora y ofrecerme su guía incondicional.

Agradezco inmensamente a mis amigos, Ana Santamaría, Carla Slater, Hugo Ventura, Janeth Sandino, Jim Wierski, Liliana Eagan, Luis Arturo Donis, Luis Hidalgo, Mike Moreno y Octavio Vallejo, por leer mi manuscrito y animarme a publicarlo. Su apoyo moral fue muy importante a través de este fascinante viaje de la escritura.

ÍNDICE

.

Prefacio

Hace varios años, cuatro amigos me invitaron a subir al vagón principal del tren Catarsis. Parecía un tren lleno de vagones solitarios, algunos muy oscuros y otros no tanto. Ya arriba del artefacto sin colores claros ni tranvías definidos para abrirse paso, no quise bajarme, ni aun cuando mis amigos decidieron saltarse a otro vagón para viajar cada uno en el suyo. Descubrí que estaba lista para un viaje largo, cuyo punto de partida era tan desconocido como lo sigue siendo hoy su destino.

En cada rincón del vagón donde permanecí sola, encontré espejos, unos estaban intactos, otros habían sido ultrajados quién sabe de cuántas maneras y por cuántas manos. No faltaron los cristales hechos pedazos que me astillaron el alma hasta teñirla de rojo. A lo largo del viaje los espejos vislumbraron montañas repletas de emociones que le agregaron matices a mi presente, pero no sin antes transportarme a mi pasado para sanar heridas que no recordaba o ni siquiera sabía que seguían doliendo.

En este tren también viajé por casi todos los estados del país norteamericano. Este país al que en mi lozanía le entregué mi virginidad emocional, como si esta valiera polvo. Me permití enamorarme de sus aciertos igual que de sus fantasmas. A este imperfecto, pero bien amado país le entregué hasta mi cuerpo. Cobijada entre sus nubes y su cielo viajé tanto y tan lejos, que hasta me di varias vueltas al otro lado del mundo. El muy sabio, a la buena y a la mala, me hizo mujer, madre y viuda. Pero también me transformó otra vez en niña, soñadora y valiente.

Al final, descubro que la propia vida solo es un espejismo, a veces en blanco y negro; otras, tan brillante como un arcoíris, dependiendo de qué lente elegimos desempañar para verla. Por eso ahora, mientras este país romancea con sus fanáticos que dan la vida por vivir el susodicho sueño americano, a la manera del macho que hace y deshace sin rendirle cuentas a nadie, otros como yo, solo anhelamos contemplar la naturaleza a cada paso. Soy feliz respirando la humedad del asfalto en un día mojado, perdida entre las páginas de grandes obras literarias, debo haber leído más de setenta hasta encontrar mi propia voz como escritora. Sigo admirando las aves que dibujan libertad en el cielo, encomendándome cada noche al más allá por si me toca alzar mi vuelo.

Y es que, en este viaje, cicatricé llagas y rescaté mi esencia humana hasta liberar mi espíritu. Lo logré tejiendo nuevos sueños, pero de la otra manera, de esa que no tiene nada que ver con las promesas falsas de riqueza y glamur del Norte, ni con sus cadenas de prestigio y poder que envenenan el aire que uno respira. Tampoco tienen que ver con sus mentiras de igualdad que solo se creen los que todo creen. Mis sueños ahora los perfilo con poco, uso puntos, comas y letras para plasmar en una canva interminable el romance entre una imaginación nómada y vidas reunidas en un mismo espacio y tiempo. Vivo en un mundo donde la paz y armonía se diseñan, y se merecen cuando cruzamos las fronteras sociales y aprendemos a vivir como hijos del mismo sol y la misma luna, en un lugar finito llamado tierra que orbita en la gran constelación divina sin principio ni final.

PRIMERA PARTE

1. Sobreviviendo

Casi me arrebato la vida una noche fría de verano. No sé si yo busqué a la muerte o ella me encontró a mí, para el caso es lo mismo, estábamos ahí. A solas. Frente a frente. En un cuarto triste. El polvo en los muebles. Trastos con comida enmohecida en un rincón. Bultos de ropa vieja y papeles rotos sobre el suelo. Mi cuerpo taciturno parecía sin alma. Tenía el cabello enredado, la espalda encogida, los brazos adoloridos. Los días eran oscuros bajo las cobijas sucias de mi cama, único testigo de mi tribulación. Llevaba semanas sopesando un mal profundo y desconocido. No abría las ventanas ni contestaba el teléfono, ni siquiera me levantaba para asearme, ¿para qué? No tenía energía de ir a ningún lado.

No sabía cómo ni cuándo comenzó este calvario, pero cada día pesaba más que el anterior. El silencio olía a luto. Respiraba soledad. Lloraba desconsolada como si fuera una niña desconocida por Dios, a quien siempre veneré como el santo Padre porque eso me enseñaron en el colegio de religiosas. Quería salir corriendo para huir de mí misma, pero no era posible. Mi memoria desvelaba heridas que nunca me dolieron tanto como me dolían esa noche de cumpleaños; había cumplido veintiséis y era la primera vez que no celebraba.

—¿Por qué no nos llamaste? Hubiéramos buscado la manera de sacarte de ese estado —interrumpen Janeth y Cristina, dos grandes amigas a quienes me refiero como mis hermanas adoptivas, porque nos conocimos en Estados Unidos y nos une el cariño fraternal nacido de una lucha compartida por más de dos décadas. Habían pasado veinte años desde aquel momento tormentoso. Celebrábamos en mi casa un 4 de julio, Día de la Independencia estadounidense. Nos pusimos sentimentales, casi siempre nos pasa en esa fecha que acostumbramos a desempolvar las remembranzas de nuestros años de romance y ensueños.

—Pensé que ustedes no querían saber nada de mí después de la confesión que les hice —contesté mientras bebía un poco de agua para agarrar el valor de seguir hablando—. Además, ni yo misma entendía lo que me pasaba, daba por hecho que nada ni nadie podía ayudarme.

Les confieso que cuestionaba si haber dejado mi tierra natal para emigrar a este país en busca de mi sueño no había sido un error. Después de todo, yo extrañaba a mi familia, a mis amigos, y también me enorgullecía sobremanera haber nacido en el corazón de América, Guatemala. Allí crecí escuchando marimba y admirando el vuelo espectacular del quetzal. Escalé sus pirámides mayas, que apuntan a lo infinito, y aprendí a correr en su jardín primaveral, dejándome querer por su clima cálido. Saboreé sus frutas y sus tamales hasta saciarme. Endulcé con su azúcar mis días y bebí del café negro que fecunda en su seno. Bañé mi cuerpo con el agua bendita que emana del lago Atitlán y del lago de Izabal. Y en medio de sus cordilleras, donde impera con su altura el bravo volcán de Pacaya, vi tejerse historias extraordinarias de gente común.

Mi historia inicia en los años sesenta, cuando fui engendrada por accidente. La familia ya estaba completa con un varón y dos hembras, esto me cuenta mamá entre risotadas y un poco de nostalgia cuarenta y tantos años después, que ya charlamos como dos cómplices. También confiesa que nadie imaginó que nacería otra niña. Como no existían ultrasonidos para averiguar el sexo del feto, la gente del pueblo donde nacieron mis padres se las ingeniaba para adivinarlo. Sostenían un colgante por encima de la barriga de la mujer encinta; si se movía en círculos, la criatura era niña. A mamá le giraba de atrás hacia adelante. Otros contaban las patadas que le daba el feto y las náuseas que padecía; mientras más frecuentes, más celebraban que nacería un niño. Eso consolaba un poco a mis padres, que no sabían cómo controlar a su primogénito, lleno de una energía que ni él mismo podía canalizar. Pensaron que con otro varoncito en la familia, por lo menos tendría alguien con quien entretenerse.

Mi nacimiento fue complicado, sin garantía de sobrevivir afuera del vientre por culpa de algún virus que no sabían cómo tratar en ese entonces. Los médicos tuvieron que observarme varios días en una incubadora. Mientras me pinchaban por todos lados buscando las venas, que no se dejaban atrapar, mamá se desgarraba de impotencia por mi llanto y mis gritos. De milagro le gané a la muerte.

Luego vendrían otros retos que en su momento aprendería a superar. Cuando uno llega a este mundo no sabe qué sorpresas le depara el destino. Con el tiempo asimilé que solo me quedaba levantarme de los tropiezos, aprender de cada experiencia y armarme de valor para seguir abriéndome paso. Esto me enseñó mamá, a quien siempre me unió un vínculo emocional muy fuerte desde que me salvó de quedarme analfabeta.

«Doña Vera, Isabel tiene algún problema serio, no creo que pueda aprender a leer y escribir. No presta atención, interrumpe en clase a cada rato y se la pasa peleando con los varoncitos», se quejaba con mi madre la maestra Elsi. Aprovechaba la oportunidad para reprenderme enfrente de ella. No le contó a mamá que en dos ocasiones me puso las orejas de burro sobre la cabeza y fui motivo de mofa para mis compañeros. Quizá esa es la razón por la que me creía tonta y no me interesaba ir al colegio en mis primeros años. A veces me pregunto cuántos niños en la misma situación se quedan en las tinieblas de la ignorancia; no es que sean tontos, sino que sus padres y maestros se rindieron antes de tiempo.

Mamá me transfirió a un colegio de las Hermanas de la Caridad, donde no fue fácil que me aceptaran. Me obligaron a repetir párvulos, y aun después de hacerlo, la directora insistía en que lo repitiera una tercera vez, pero mi madre —que daba la vida por sus hijos— prometió que si me pasaban a primero de primaria, ella misma me instruiría durante las vacaciones. Cada tarde, aun contra mi voluntad, mamá me sentaba en un sillón rojo de madera en la sala y, a su manera, me enseñaba mis primeras letras.

«Repita conmigo el sonido de las consonantes», ordenaba. «¿Cómo le dije que suena la R? Ahora escríbala. Muy bien. Hagamos lo mismo con cada letra del abecedario. Dígalas en voz alta. Perfecto. Formemos una oración. Vamos. Usted puede, mamaíta. Todo es posible en esta vida cuando se pone voluntad», me repetía con gran certeza.

Con paciencia, sabiduría y, a veces, a jalones de pelo y regañadientes, con el libro Alí-Babá y los cuarenta ladrones, mamá me ayudó a lograr el milagro en mi vida de aprender a leer y escribir. Cuando le cuento a mis hermanas adoptivas esta y otras anécdotas, como mi agonía en aquel cuarto triste, ellas no terminan de explicarse qué hice para superar mis traumas, mis miedos y mis complejos. Se preguntan cómo aprendí un segundo idioma y salí adelante lejos de mi familia, en un país que no era el mío. Y de dónde saqué el valor para contar en esta historia que apenas comienza; esas cosas que no se le cuentan a nadie.

2. Conquistando el miedo

Los niños son como frágiles cristales; cualquiera puede marcarlos con un toque, para bien o para mal, y para siempre. Esto es algo en lo que comencé a reparar cuando estudié la carrera de Magisterio. En Guatemala, en los años ochenta, una podía graduarse de maestra entre los diecisiete y diecinueve años. Carecíamos de la madurez emocional necesaria para entendernos a nosotras mismas, no digamos para comprender múltiples factores psicosociales que afectaban a quienes llegarían a ser nuestros alumnos. Madurábamos con la práctica y el paso del tiempo. Me consuela saber que ahora ya exigen ir a la universidad para ser maestro de educación primaria.

Les cuento a mis hermanas adoptivas —que siguen escuchando atentas mi relato— que la carrera de Magisterio siempre ha sido muy respetable en Guatemala, sobre todo para la mujer. Muchas personas mayores aún la consideran el preámbulo ideal para que una joven se convierta en buena esposa y madre abnegada, como si eso anheláramos todas. Hay quienes afirman que «un maestro asegura sus frijolitos» porque siempre tiene trabajo. Por desgracia, la carrera de Magisterio para educación primaria tiene sus sombras, pues no está bien remunerada, los salarios no aumentan en proporción al costo de vida y cada vez es más difícil sobrevivir. A los docentes que les va un poco mejor es porque dan clases en una escuela pública, pero una plaza ahí la mayoría de las veces se consigue más por paciencia y favores que por mérito.

Ejercí la profesión por dos años en un prestigioso establecimiento privado en la Ciudad de Guatemala. Tuve la suerte de que la directora, una mujer sabia de casi sesenta años, con espíritu fuerte y que dedicó toda su vida a la docencia, disfrutaba de fomentar el talento de maestras jóvenes para moldearlas a su modo. Pagaban bien, considerando que yo apenas tenía diecinueve primaveras y que en algunos colegios profesores con más experiencia apenas devengaban el salario mínimo.

El primer año enseñé cuarto grado de primaria y, para mi asombro, me asignaron alumnos marcados con el sello de «niño problema». La terapeuta usaba esa técnica para diferenciarlos del resto. Así sobresaltaba la mala conducta del estudiante, su supuesto desinterés por los estudios o su dificultad de aprendizaje en algunas materias. A menudo recordaba la conversación de la maestra Elsi con mamá, quejándose de mí por razones similares cuando yo de niña había sido su alumna. No quise seguir su mal ejemplo ahora que yo era maestra, preferí darme a la tarea de impartir clases adicionales, sin paga, para estos alumnos después de la hora escolar. En el proceso descubrí que no aprendían no por desidia ni por lerdos, sino porque les costaba leer bien y comprender lo que leían, y se frustraban. Me enfoqué en esa área de aprendizaje y a despertarles la pasión por la lectura.

Una evaluadora que llegó a examinarlos a fin de año observó una mejoría sorprendente en su rendimiento académico, lo que motivó a la directora a observarme dar clases. Mis técnicas de enseñanza eran sencillas, se trataba de aprender jugando. Le asignábamos a cada signo de puntuación una clave para cambiar el tono de voz. Mis alumnos se escuchaban a sí mismos leyendo con ritmo y gracia, como si estuvieran dando un discurso o recitando una poesía o contando una película interesante. Hacíamos concursos para ver quién retenía los puntos más importantes de la lectura y podía explicarlos con sus propias palabras. Se divertían mucho y le fueron tomando cariño a las letras. Al año siguiente la directora me nombró coordinadora de Lingüística, una nueva plaza diseñada para enseñarles a los niños de primero a sexto de primaria a mejorar sus hábitos y comprensión de lectura. También me puso a cargo del área cultural que incluía poesía y oratoria.

Muchas veces en mis charlas de motivación hablo de Luis Eduardo, un niño de nueve años, en cuarto de primaria, muy carismático y persistente que se armó de valentía para enfrentar su miedo de hablar en público. ¡Con qué ganas había preparado su discurso! Hasta practicaba conmigo algunas tardes en mi casa. Desarrolló precisión para mover sus brazos y desplazarse por el escenario. Pero el día previo al ensayo oficial en el auditorio, Luis Eduardo padecía un resfriado. El dolor en su garganta le ahogaba la voz, por lo que cambiamos los roles: él me observaba y yo decía la oratoria que le ayudé a preparar; era la misma que en mis años de colegiala redacté para un concurso estudiantil. La repetí hasta que él memorizó los puntos clave y las expresiones corporales.

Al otro día, nos preparábamos para ir al ensayo en el auditorio cuando le dio un ataque de pánico. No quería participar.

—¿Qué pasa, Luis Eduardo? —le pregunté desconcertada.

—No puedo, seño. ¡No puedo! —contestó llorando.

—Pero si te has fogueado para este momento. Tú puedes hacerlo.

—Tengo miedo, seño. ¡Mucho miedo! —confesó delante de sus compañeros. Me acerqué para abrazarlo. Cuando insistí en que viniera con nosotros se sujetó

fuerte de la perilla de la puerta pidiendo que nos mar-
cháramos sin él.

—Está bien —le contesté—, pero antes escucha esto.
Es natural que sientas miedo, yo lo he sentido muchas
veces. Es más, sube al escenario y diles a los estudiantes
que tienes miedo. Comienza tu oratoria de esa manera,
recuerda que hoy solo es día de ensayo. Si lo haces, te
aseguro que mañana, durante el concurso, ya no sentirás lo mismo. Pero si le huyes al miedo hoy, le huirás de
nuevo mañana y quizá le huyas siempre.

No podía convencerlo y, como se hacía tarde, nos
fuimos sin él para apoyar a los otros concursantes. Ya
casi concluía el ensayo cuando anunciaron que faltaba
un niño; era Luis Eduardo, que seguía llorando.

«¡Buenos días a todos! —comenzó diciendo con su
voz quebrada—. Quiero decirles que no es nada fácil
pararse en esta tarima. Siento mucho miedo. Tampoco es sencillo enfrentar el miedo, se necesitan agallas,
pero...».

Luis Eduardo terminó su oratoria y el día del concurso brilló como los grandes: ¡ganó el primer lugar!
Mientras escribo esta memoria me ruedan las lágrimas, igual que me rodaron de alegría esa mañana por
su triunfo, que sería solo el primero de tantos en su
vida. Hace dos años encontré su nombre y una foto en
LinkedIn. Al principio no estaba segura de si se trataba de él, ya era todo un hombre. Le envié un mensaje
preguntando si había sido mi alumno, si recordaba esa
hazaña. Contestó que sí y que, a lo largo de su carrera
profesional, la oratoria había sido parte fundamental en
sus actividades de abogado, conferencista y docente, y
también en su vida social.

3. Colonia El Milagro

Recuerdo aquellas aulas construidas de madera y lámina, donde sembrábamos esperanza en la mente de niños sin infancia. Allí conocí a niños que, a diferencia de Luis Eduardo, que asistía a un colegio privado, eran de bajos recursos, y me conocieron cuando yo aún cursaba mi último grado de Magisterio. Era un requisito para graduarme de maestra que diera clases por varios meses en una área marginada y peligrosa en medio de la metrópoli; en la escuelita Primavera, de la colonia El Milagro. Les confieso a mis hermanas adoptivas que tanto el nombre de la escuela como el del barrio me siguen pareciendo irónicos, porque en ese lugar abundaban la carencia y los milagros jamás concedidos por los santos que invocaban sus fieles.

La escuelita Primavera era como un oasis en medio de tanto dolor y pobreza. Recibíamos a los alumnos con gran ilusión y cariño. Ellos llegaban con el genuino deseo de aprender, pero a veces asistían con el estómago encogido de hambre. Anhelaban la hora del receso para saborear un vaso de avena y galletas. Varios niños estudiaban por las mañanas y trabajaban en la tarde o en la oscuridad de la noche. Las maestras practicantes, como nos llamaban, hacíamos nuestro mejor esfuerzo por motivarlos a seguir adelante. Me habían asignado quinto de primaria y, para mi desconcierto, a la escuela asistían algunos alumnos casi de mi edad, pero que tenían el doble de experiencia en asuntos de supervivencia. A varios de ellos sus padres los echaron de sus nidos al vuelo de la vida, antes de que sus alas crecieran lo suficiente para volar sin el apoyo de un adulto. Llevaban de equipaje un corazón llagado por el maltrato y abandono que padecieron. Algunos nunca conocieron a sus padres, porque estos emigraron a los Estados Unidos en busca de un trabajo que los ayudara a mantener a su familia. Por desgracia, el frío de la soledad en un país lejano arrojó a varios de esos padres en brazos de otro cuerpo, formaron otra familia no planeada y se hundieron más en la pobreza, apartados de su tierra natal y de los hijos que engendraron primero.

«¡Qué triste! A muchos hombres que vienen de Nicaragua a este país les pasa lo mismo. Sus pobres hijos y sus mujeres envejecen rogándole a Dios volver a verlos», interrumpen mis hermanas adoptivas.

Les explico que en Guatemala la situación es muy complicada para la mayoría de los niños que residen en áreas rurales como la colonia El Milagro. La precaria economía en que viven los obliga a abandonar sus estudios antes de llegar al noveno grado, para dedicarse a cualquier oficio con tal de sobrevivir. Muchos jamás van a la escuela, son niños de la calle, viven de la caridad de la gente y son presa fácil de las pandillas, el vicio y la prostitución infantil. Jamás olvidaré mi conversación con una joven que la noche de su decimoquinto cumpleaños tuvo que ayudar a su mamá a ganar dinero para comer.

En Guatemala cumplir quince años es un evento conmemorativo, simboliza la transición de niña a mujer. Se organiza una fiesta con baile y regalos. La festejada estrena un vestido para la ocasión, ya sea comprado en una tienda o confeccionado a mano por la madre o la abuela, según la tradición y como lo permitan los medios económicos de cada familia. Las cumpleañeras más pobres se conforman con una celebración modesta, un vestido sencillo y un pastel; las de clase media celebran en un salón de baile y reciben de obsequio dinero o un viaje al Mundo de Disney; las que nacieron en el seno de una familia pudiente conducen su primer automóvil. Pero esta no era la realidad de las adolescentes en la colonia El Milagro, donde hasta sobrevivir resultaba milagroso para muchas menores de edad. Me pareció que la joven quinceañera, que a veces llegaba a la escuela a recoger a una de las estudiantes, lucía un atuendo más ligero y la mirada erguida el día siguiente de su decimoquinto cumpleaños. Noté que varios jóvenes alrededor la miraban de reojo y murmuraban con picardía, mientras ella caminaba con aparente presunción. Comenzamos a platicar como tantas otras veces.

—¿Cómo pasaste tu cumpleaños? —pregunté.

—Muy bien, seño. ¡Estoy muy contenta!

—Me alegro por ti. ¿Recibiste algún regalo especial?

—El mejor de todos, seño... Anoche me hicieron mujer —declaró con jactancia.

Perdí el habla por unos segundos. Sentí enojo, confusión, impotencia. Según me contó con detalles, el gran regalo de su madre fue ofrecer su virginidad a cambio de dos mil quetzales en el bar donde trabajaba. En ese entonces, con esa cantidad de dinero cualquiera podía comprarse un auto usado. En el caso de la joven, la madre aseguraría un techo para proteger a sus retoños y apaciguaría algunas noches de hambre el quejido de sus tripas.

«¡Qué barbaridad! Por lo visto, esos casos son comunes en varios países de Latinoamérica», dicen indignadas mis hermanas adoptivas. La respuesta de la joven me dejó estupefacta, pese a que yo sabía de varios casos también complicados que escuchábamos en nuestros apostolados en otros barrios humildes, e incluso en el colegio privado donde estudié cuando tenía su edad. Si bien las niñas que asistían a una escuela rural padecían por la escasez de dinero, algunas que iban a un colegio privado sufrían por la escasez de cariño. Aún arrastro en mi memoria lo que le pasó a una compañera. Después de que su novio terminara la relación amorosa que sostenían a escondidas de los padres, ella sintió que el mundo se detuvo. No tenía a nadie con quien desahogarse y acabó encerrándose en su cuarto por varias semanas, según contaron las madres religiosas al enterarse del incidente. Los padres de mi compañera viajaban a menudo y no se tomaron el tiempo suficiente para demostrarle cuánto la querían ni averiguaron qué le pasaba. Asumieron que su estado de ánimo era cosa de adolescentes y que pronto se sacudiría la tristeza. Un martes por la tarde la alumna llamó por teléfono al que había sido su novio y, tan pronto escuchó su voz, se despidió de él pegándose un tiro en la cabeza.

Su trágico final no fue el único caso que aterrorizó a las monjas y a todo el colegio. Hubo otra estudiante cuya reputación de niña buena y decorosa cayó en desgracia, según las malas lenguas. El colegio, para redimir su propio prestigio, la expulsó, por ser un mal ejemplo para las demás. La alumna se sentía muy sola aun en compañía de sus padres porque ellos, en su afán de darle una vida privilegiada, la privaron de dos privilegios importantes: su afecto y su tiempo. Trabajaban largas horas durante el día y solo compartían un rato los domingos; ese día necesitaban el descanso para volver con energía a su tediosa rutina semanal. En su ausencia, alguien ajeno a la familia le regaló a mi compañera atención y cariño, un poco más de lo debido, sembrando la evidencia en su vientre. Como consecuencia, las autoridades del colegio le vedaron estudiar una carrera. ¡Qué ironía!, de forma indirecta castigaron a la criatura inocente que llevaba en sus entrañas. Pusieron su destino en riesgo de correr la

misma suerte que los niños menos favorecidos de la colonia El Milagro, cuyas madres, por lo general, tampoco
terminaban la escuela, como fue el caso de la progenito-
ra de la joven quinceañera.

La joven me confió orgullosa lo que hizo como si se
tratase de una proeza. Para mí era imposible justificar el
abuso de su madre; lamentablemente, a mis dieciocho
años no supe cómo reaccionar o qué hacer para ayudar
a la joven. Le expresé mi preocupación por su bienestar,
pero creo que, sin querer, más bien la ofendí. Y su respuesta me daría una lección que aún llevo en mi conciencia.

—Seño, ¿alguna vez usted se fue a dormir con el
estómago vacío? —preguntó mirándome a los ojos con
singular mesura.

—No. Nunca —le respondí.

—Entonces usted no es nadie para juzgarme —
enunció con la autoridad que solo otorga la experiencia
amarga de la vida.

4. Miseria y riqueza

Presenciar la escasez y el dolor ajeno desde mi adolescencia despertó mi conciencia social a temprana
edad. Mi pericia en la escuelita Primavera y los apostolados que realizaba desde el noveno grado en las áreas
marginadas me enseñaron a poner más atención a mi alrededor. Observaba a los varoncitos mojarse en los char-
cos de lodo corriendo tras una pelota o jugando a las canicas sobre el pavimento herido de hoyos. Se divertían
igual que los niños con acceso a una pradera o la piscina
de un club privado. A los niños de la calle, como los llamábamos en el apostolado, no los angustiaban las cosas
fugaces que desconocían. Los mortificaba la posibilidad
de irse a dormir sin probar bocado o la amenaza de ser
golpeados por un padre embriagado de licor, frustrado
de sentirse un don nadie.

Conocí familias separadas y otras amarradas a la
fuerza. Algunos padres vivían cada uno por su lado, la-
mentando la responsabilidad de tener hijos en común
que mantener. También había parejas aguantando lo in-
aguantable bajo un mismo techo por razones más com-
plejas que mi capacidad de entendimiento. Hablé con
mujeres que compartían en su lecho el mismo hombre
a cambio de pan, cobijo y caricias. Vivían amontonados
en casas de lámina y adobe. Abundaban las historias de
incesto, obligando a los adolescentes a desarrollar su
sexualidad de forma prematura. Todavía me hostiga el
corazón el caso de una muchacha de trece años. Para
dormir compartía con sus dos hermanos el único col-

chón que sus papás habían podido comprar. Una noche
sintió que las manos de ambos hermanos recorrían con
disimulo su cuerpo. No podía asimilar lo que pasaba y
se hizo la dormida. Días después vio detrás de la puerta
que sus hermanos tiraban a la suerte con una moneda
su primera noche a solas con ella. De ahí en adelante la
muchacha se convirtió en la presea de placer en turno.
Al principio no buscó ayuda, se sentía sucia y culpable
en una sociedad machista que acusa a la mujer de ser la
tentación que alborota los demonios del hombre. Cuando buscó amparo en su padre, este terminó de marcarla
de dolor con sus manos, pues también abusó de ella sexualmente.

«Desde entonces respiro solo porque no encuentro
valor para matarme». Nos confesó a mí y a otras dos
compañeras del apostolado. Yo no sabía qué hacer con
esta información ni otras situaciones saturadas de amar-
gura. Me removían algunos recuerdos que prefería en-
terrar en algún rincón donde no me magullaran tanto
el alma. A veces terminaba llorando con ellas, sofocada
por un pleito interno entre la intención de perdonar y
un sentimiento de rabia y repugnancia. Las monjas del
colegio pedían que rezáramos por los pobres y los desamparados, aunque confieso que en ocasiones me sentí
igual de pobre y desamparada por dentro. Nos aconsejaban que les enseñáramos a leer la Biblia y siguiéramos
predicando el Evangelio: «Dios es justo, no se olvida de
ninguno de sus hijos», aseguraba la madre superiora.
Entonces yo le preguntaba que por qué unos son pobres
y otros no. Por qué sufren personas buenas, mientras
miles de malhechores andan libres riéndose de sus mal-
dades. Su respuesta, repetitiva: «No hay que perder la
fe, hija», siempre me dejó con sed. Ella insistía en pre-
dicarle a la gente del apostolado que debían arrepentir-
se de sus pecados, perdonar a sus agresores y amarse

unos a otros para no descender al infierno el día que murieran. No comprendía que ellos ya se consumían en la fosa de uno muy profundo. Más de treinta años han pasado y aún me persigue la incertidumbre sobre la suerte de estas personas. ¿Lograrían sanar sus heridas? ¿Vivirán en un mejor lugar? ¿Se habrán salvado del destino oscuro que amenazaba con matarlas en vida? Solo su dios lo sabe.

Las áreas marginales no eran el único lugar donde se respiraba miseria. A media cuadra de mi casa se localizaba el bulevar Aguilar Batres, que marcaba el alfa y el omega de dos mundos que no tenían nada en común. Bastaba caminar unas calles al norte del bulevar para encontrar mujeres de edad avanzada moliendo harina para hacer tortillas a mano. Habitaban unas casuchas de adobe que amenazaban con derrumbarse sobre sus cabezas. Jovencitas amamantando un recién nacido, con otro envuelto en el sostén sobre su espalda, suplicaban caridad en alguna esquina. Hombres sin oficio y con cerveza en mano piropeaban cuanta pierna desnuda desfilara por la calle. Los niños, descalzos y con pantalones agujereados, tragaban gas para hacer siluetas de fuego a cambio de una roñosa limosna. En las mañanas rumbo a mi colegio miraba que salían de un bar mujeres jóvenes en minifalda. Algunas eran adolescentes de mi edad, que merodeaban en la orilla de la banqueta y esperaban que algún auto las levantara para llevárselas a cualquier sitio con cama, al menos eso decían los adultos que vivían en el área.

Como si fuera una jugarreta cruel del destino, a unas calles al sur del mismo bulevar la abundancia se mofaba de la pobreza. Sobresalían casas de ladrillo de dos niveles bien pintadas con un garaje grande y un jardín cerrado. Los niños uniformados sostenían sus bolsones llenos de libros y loncheras de bocadillos para la hora de recreo, aguardaban frente a su casa el bus de un colegio privado. Los hombres profesionales vestían traje y corbata fina presumiendo del carro del año. Las amas de casa lucían el cabello bien peinado y ropa elegante, y tenían una empleada que hasta les abría la puerta del aparcamiento.

Al final de una encrucijada entre dos mundos opuestos se vislumbraba la iglesia El Señor de Esquipulas. En medio de sus paredes blancas y muy altas, como queriendo trepar las nubes, nos encontrábamos cientos de personas por una hora lánguida de la misa dominical. Alma con alma, los que atesoraban riquezas y los que anhelaban dejar de ser pobres. No faltaron quienes se resignaron a su infortunio, convencidos de que eran dichosos porque de ellos sería el reino de los cielos al morir. Escuché al sacerdote repetir esa promesa del evangelio tantas veces que se me impregnó en el subconsciente, hasta el punto de creer que el noble afán de lograr una estabilidad económica con trabajo honesto era lo mismo que la cara oscura de la avaricia. Todos comulgábamos como si nuestras diferencias no existieran por sesenta minutos. Acaudalados e indigentes nos arrodillábamos sobre el mismo suelo, para confesar nuestros pecados y suplicar favores a la imagen del único Cristo Negro frente a nosotros, jadeando el mismo oxígeno, distanciados por un abismo económico y social.

5. El desapego

Sentía mi espíritu atrapado entre las rejas de un tiempo equivocado. Las disparidades sociales perturbaban mi paz interior con la misma intensidad que lo hacía la desigualdad de géneros, pero el corazón me decía que tanto hombres como mujeres podíamos levantarnos de los escombros y mejorar nuestra suerte. Claro que para mí era fácil decirlo porque había logrado una carrera como maestra que me pagaron mis padres. Así cualquiera llega a la luna, le digo a mis hermanas adoptivas mientras seguimos viajando en la vagoneta de los recuerdos.

Cuando ellas me conocieron no entendían por qué renuncié a una vida más o menos acomodada y con un título de maestra bajo el brazo, y no busqué casarme y formar mi propia familia. Para ellas era difícil asimilar mi decisión porque habían crecido en una isla de Nicaragua, en medio de una pobreza tan pronunciada que las despojó de sus raíces. Yo les explico lo mismo que le dije a mi familia el día que espanté a todos con la noticia de mi viaje: soñaba con algo distinto a mis hermanas y la mayoría de mis amigas.

Ellas tejían la ilusión de casarse ante el altar de una iglesia vestidas de blanco y engendrar un hijo que llevara su sangre; eso adoctrinaban la religión y la sociedad, que indicaba cómo desarrollarse plenamente como mujer. A la que no se casaba ni engendraba un niño la miraban con lástima, como si miraran un desierto humano. En cambio, una mujer con marido, así fuera este un bebedor empedernido, un abusador o un hombre sin escrúpulos, valía más que una mujer soltera. Nos metían esas ideas en la cabeza sin que nos diéramos cuenta, en las telenovelas, en los sermones dominicales y hasta en los libros de príncipes y mujeres fresa. Era común recibir de regalo de cumpleaños las historietas clásicas de Cenicienta, La bella durmiente, Blancanieves y otras que cultivan la noción de que un hombre se emboba por la belleza de la envoltura de una mujer, casi nunca por su inteligencia ni su calidad humana. Historietas que también promueven la falsa idea de que una mujer alcanza la dicha completa si un hombre opulento se casa con ella.

Pero la vida real no es un cuento de hadas. Claro que conozco mujeres que encontraron un hombre que las respeta, ambos trabajan y se apoyan para prosperar juntos, pero otras se enamoraron de la persona equivocada. Una amiga sufre por los golpes y los vicios de su marido, y prefiere aguantarle todo a quedarse sola y destruir la apariencia de tener una familia perfecta. Al igual que ella, muchas soportan el abuso de sus maridos para no sentir el dedo de la Iglesia sobre sus espaldas, acusándolas de ser adúlteras o hijas rebeldes por rehusarse a cargar con la cruz que les tocó por esposo. Celebro a las mujeres que fueron valientes para mandar a esos hombres de regreso al lugar donde los criaron así y que rehicieron sus vidas valiéndose por sí mismas o al lado de otra pareja que sí las valoraba.

Algunas amigas que no llegaron al matrimonio se hicieron de hijos. No fue la situación ideal. Sufrieron mucho a causa de una sociedad cruel que señala de «fácil» o de «puta» a una mamá soltera, en tanto el hombre es exonerado de culpa; quizá por eso muchos siguen dejando hijos regados por todas partes haciéndose los desentendidos. Olvidan que si bien la mujer es responsable de lo que permite que entre a su cuerpo, el hombre lo es de cuidar el destino de su semilla. Aplaudo al que demuestra su hombría asumiendo su paternidad y que respeta a la madre de sus hijos. De unas cuantas amigas jamás volví a saber después de casarse, espero sean felices con el camino que eligieron.

Yo no anhelaba casarme frente a imágenes de santos ni traer más hijos al mundo, quería reinventar mi vida a mi manera. Contemplé la posibilidad de adoptar un niño de la colonia El Milagro, pero a tiempo reconocí que mi misión en este mundo era otra. Mi anhelo era hacer una diferencia en la comunidad. También me intrigaba descubrir qué tan lejos podía llegar en la vida siendo mujer, valiéndome por mis propios medios, sin el apoyo ni la protección de mis padres. Aspiraba a cosechar el favor de la gente con mi esfuerzo, no por mi apellido ni parentescos. Quería merecer cada bendición recibida y ganarme el derecho de motivar a otros a vivir sus ilusiones. Me harté de los prejuicios religiosos y sociales que amenazaban con abortar mis sueños. Estaba convencida de que migrar a otro país sería la única avenida para evitarlo. Y decidí romper con el cordón umbilical que me ataba a mi familia, a la religión y a mi patria.

6. Desafíos y secretos

La gente que desertaba de mi país lo hacía por necesidad. Se iban las mujeres huyendo de sus maridos
violentos; los jóvenes sin preparación académica ni porvenir; los padres desesperados de ver a sus hijos morirse de hambre; algunos niños de la calle sin ataduras de
ninguna índole, excepto con su instinto de sobreviven-
cia. Nada garantizaba que lograrían cruzar la frontera o
conseguir trabajo al otro lado de la línea, pero intentarlo
era menos suicida que quedarse en el hoyo de miseria
donde cada día se ahogaban más.

Era comprensible que mis familiares y amigos te-
mieran por mi seguridad y pronosticaran un futuro
nefasto si me iba a comenzar una nueva vida yo sola a
los Estados Unidos. Incluso me mostraban los periódicos donde salían fotos de deportaciones masivas y que
advertían que muchos emigrantes, al volver, terminaban enredados en bandas criminales porque en el norte
aprendían malas mañas. Me repetían angustiados que
casi toda la gente en Estados Unidos era liberal, como
si serlo fuera un pecado, y que me pervertirían; que yo
terminaría en drogas o jalando una marimba de hijos de
distintos hombres. «Hasta un cabrón viéndote despro-
tegida te puede violar. No vale la pena arriesgarse», decían. Los miembros del grupo de oración intentaban evi-
tarles a mis padres la angustia de saberme lejos, siendo
una joven inexperta de apenas veintiún años. Prometían
que, si me quedaba al lado de mis viejos, un día Dios me
bendeciría con un buen esposo, lo cual yo no buscaba.

Supongo que ellos no llegaron a conocer bien los deseos de mi corazón.

Papá me decía cualquier cosa que se le ocurriera para convencerme de no viajar. Me advertía que abrirme paso en el norte significaba realizar trabajos pesados y dominar un idioma que nunca me interesó aprender. Siempre rechacé su oferta de pagarme algunos cursos de inglés; jamás imaginé que un día necesitaría hablarlo para sobrevivir. Solo aprendí pocas palabras en el colegio y a formar contadas oraciones, mismas que practicábamos año tras año y pronunciábamos igual de mal que la maestra. Cualquiera pasaba la clase porque solo servía de relleno en la agenda escolar. Cuando estudié para ser maestra tampoco tuve que cargar el vía crucis de aprender otro idioma, nos enfocábamos en mejorar nuestra redacción en español. Por eso papá me aconsejaba que mejor terminara la carrera universitaria de Comunicaciones (apenas cursaba mi primer año) y que me dedicara en el futuro a enseñar en la universidad. La otra opción, en su mente, era especializarme en Medicina. Estaba convencido de que mi facilidad para memorizar poesías me serviría para aprender tanto nombre raro que dominan los médicos. Hasta ofreció pagarme los estudios, pero tampoco acepté.

Mamá renegaba de escucharme decir que era la última Navidad que celebraría con ellos. «Sácate esas ideas de vivir sola en otro país mamaíta, tu familia está aquí. Mejor estudia Pedagogía, una pedagoga con tu capacidad para hablar en público puede postularse para ministra de Educación», aseguraba orgullosa. Todos trazaron el mapa perfecto para mí, con paradas y banderillas para que no me cansara ni me perdiera. Ninguno comprendía mi sueño de dibujar mi propio sendero con sol, lluvias y montañas, porque de todo tipo de experiencias necesitaría para alcanzar mi primavera.

Titubeé por un momento en llevar a cabo mi plan después de escuchar los comentarios de mis padres. Sabía que no apoyaban mi decisión porque ambos creían que no era lo mejor para mí. Al mismo tiempo, sus palabras me dieron valor; hacían referencia a habilidades que años atrás ninguno de los dos (mucho menos papá) pensaron que yo poseía. Recordé cuando apenas tenía catorce años y cursaba el séptimo grado. Me había registrado en un concurso estudiantil de oratoria. Si ganaba, representaría al colegio a nivel nacional.

—Mira vos, desde chiquita traías el don de la palabra —interrumpen mis hermanas adoptivas.

—Papá no pensaba lo mismo cuando yo era adolescente —les confieso—. Más bien me decía: «Declamas tan bien como tu abuela Isabel, pero hablar en público es otra cosa. Nadie ha sido orador en la familia. No quiero que hagas el ridículo enfrente de todos». Entonces yo le respondía: «Pues si damos por hecho que voy a perder, por qué no intentarlo de todas maneras. Tal vez tengo un golpe de suerte y gano».

Les cuento a mis hermanas adoptivas que por las tardes me divorciaba del mundo por dos horas para practicar en mi cuarto frente a mi único aliado, el espejo. Imitaba a un personaje político de la telenovela brasilera El bien amado. No recuerdo con detalle los detalles de la trama, excepto que se trataba del alcalde de un pueblo a quien se le ocurrió construir un cementerio, pero como nadie se moría no lograba inaugurarlo. Entonces él ingeniaba un sinnúmero de artimañas para provocar la muerte de algún cristiano. La gente no se daba cuenta de sus intenciones porque él era muy hábil para esconderlas detrás de sus discursos. Papá admiraba su presencia escénica y su capacidad de persuasión. Yo quería ganar la admiración de mi viejo, así que al principio adopté el estilo de ese alcalde para hablar en público. Movía los brazos como él. Emulaba su tono de voz, su mirada y sus expresiones corporales. Practiqué por varios meses, hasta que llegó el gran día.

«A mi corta edad me he dado cuenta de que la perseverancia es la clave del éxito en la vida», entré diciendo mientras caminaba por el costado derecho hacia el centro del escenario frente a cientos de jóvenes. Mis padres se habían equivocado. ¡Yo sí podía! De haber desistido antes de intentarlo, como ellos sugirieron que hiciera, jamás habría vivido esa experiencia ni hubiese descubierto a temprana edad cuánto me apasiona la motivación.

Repetí la misma hazaña compitiendo contra los ganadores de otros colegios y regresé a casa con el codiciado premio. También logré el otro cometido, aún más importante: la admiración de papá. Por mucho tiempo busqué su aprobación, como queriendo compensar alguna deficiencia en la que yo no podía o no quería reparar. Quizá reprimir las penas que nos lastiman por dentro es una cuestión cultural o depende de cada familia. En mi casa desarrollamos la mala costumbre de guardarlas en secreto, como si con el tiempo dolieran menos o desaparecieran por arte de magia. En el momento del concurso de oratoria solo pensé en la alegría de haber ganado y, por consiguiente, en el aplauso de papá. Ahora que planeaba emigrar a los Estados Unidos, la memoria de ese triunfo, que demostró que mis padres podían equivocarse, me daba el valor necesario para no permitir que sus miedos se convirtieran en los míos.

Lo que no previne fue que esos lastimosos secretos me seguirían a miles de millas de distancia y que en un camino lleno de altibajos desconocidos se harían más pesados. Aquella noche triste de mi vigésimo sexto cumpleaños comprendí que los secretos nos van robando la vida a pedazos. Nos paralizan. Nos consumen despacio, con sigilo, como un cáncer que asesina el alma sin piedad. Para salvarme a mí misma tendría que hacer un doloroso viaje hacia mi interior, para enfrentarme uno a uno a esos secretos y sanar cada herida hasta alcanzar mi liberación total.

SEGUNDA PARTE

7. Mi partida

Me senté frente al espejo para ver si aún seguía viva. Contemplé por largo rato un rostro exhausto de tanto llorar, con la mirada llena de culpa de verme derrotada; la culpa de fallar a mis padres, que siempre esperaron lo mejor de mí; la culpa de querer arrancarme el corazón para terminar mi sufrimiento.

—¿Qué fue lo que pasó? ¿Qué te llevó a ese grado de desesperación, siendo una mujer fuerte, segura de ti misma? —preguntan mis hermanas adoptivas.

—Quizá parte de mi problema fue tratar de ser fuerte en las cosas del corazón —les respondí—. Ignoré que el llanto es a veces necesario, como la lluvia en invierno, que limpia la tierra para que vuelva a florecer. Almacené un mar de lágrimas que de súbito se descargaban como un diluvio en mi ánima. Lo sentía todo.

Todo me dolía.

Mi mundo se desplomaba a soplos sin poder evitarlo. Vestía un pantalón corto y una playera vieja que llevaba puestos por varios días. Pasé meses sin trabajo y mi cuenta de ahorros había enflaquecido por completo. No tenía dinero ni para comer. Mi suerte descendía por un resbaladero de males, incluso unos malhechores se robaron del baúl de mi carro las herramientas que yo guardaba para reparar autos. Dos amigos me habían enseñado a cambiar el aceite, el radiador y los frenos para ganarme unos dólares cuando no quedaba otra. Pero más que la penuria económica, me asfixiaba la del espíritu. No era dueña ni de mi voluntad. Me aterraba sen-

tirme tan desvalida, porque pese a varios escollos que
en el pasado agujeraron mi inocencia, siempre había logrado sobreponerme, vivir alegre, positiva, ser valiente.
Al menos eso había creído yo antes de encontrarme en
ese cuarto triste padeciendo semejante martirio.

Desde el día que abdiqué el apoyo financiero de mis
padres para venirme a Los Ángeles, supe que no sería
fácil mantener mis alas abiertas, pero me atreví a volar
igual. Con los ahorros del dinero que gané dando clases
dos años compré mi boleto de avión y algo de ropa para
el viaje. Vendí mi bicicleta y mi reloj de mano, y otras cosas para juntar cincuenta dólares que me parecieron una
gracia, porque el quetzal se devaluaba aprisa. Pero me
llenaba de orgullo que ese dinero fuera producto de mi
trabajo docente. Llegamos al aeropuerto internacional
La Aurora una radiante mañana de noviembre. Nadie
en mi familia, ni los amigos que llegaron a despedirme,
podía creer lo que estaba pasando. Unos me miraban
pasmados, otros lo hacían con pesar, no sé si por mí, que
partía en pocos minutos, o por ellos mismos, que se quedaban.

Mamá insistía llorando que viviera con mi hermano
mayor en Los Ángeles, solo unos meses hasta abrirme
paso. «Voy a estar más tranquila, hija», me dijo. Acepté
advirtiéndole que al primer desencuentro que tuviera
con él porque intentara dictarme cómo vivir mi vida, me
marcharía sin dejar rastro. Ya habíamos tenido un fuerte
desacuerdo cuando lo visité para mis vacaciones en algún otoño anterior. En esa ocasión yo quería ir a Sábado
gigante, un programa de entretenimiento que se graba-
ba en Miami y se difundía por cable a todo Centro y
Sudamérica. Viajé con la esperanza de que mi hermano
me llevara. Yo no tenía noción de la distancia entre ciudades de un estado a otro. ¡Era inmensa! Hubiera resultado
más conveniente viajar directa de Guatemala a Miami.

Por casualidad, Luisito, un amigo chileno muy querido por mi familia y a quien considero como un tío, sabía de mis inquietudes. Él trabajaba con mi hermano y me había guardado un anuncio que leyó en el periódico sobre las audiciones para el programa. Era un concurso de talentos que los organizadores celebrarían el fin de semana en el centro de Los Ángeles. La inscripción estaba abierta para cualquiera interesado en canto, baile o declamación. Se me ocurrió declamar una de las poesías favoritas de papá: Reír llorando, de Juan de Dios Peza. Pero mi hermano no quería dejarme ir sola, se sentía responsable de mí por ser su hermana menor. En esos días yo no estaba acostumbrada a su instinto protector porque en la adolescencia él había sido de carácter colérico, nos provocó muchas úlceras emocionales a todos. Para calmar sus ansias le pedí al hijo de mi tío Luisito que me acompañara en el autobús hasta el lugar de las audiciones, esa sería mi única oportunidad de competir por un pase para ir al programa.

A los tres días de la audición recibí una llamada indicándome que viajaría a Miami con todos los gastos pagados. Participaría en uno de los segmentos más populares entre los televidentes, donde un chacal, una persona vestida de negro con guantes plateados, le tocaba la trompeta a los participantes que eliminaba del concurso. Aquellos que no sentenciaba con la trompeta pasaban a la ronda final. Y los aplausos del público elegían al ganador, quien recibía un premio de mil dólares. El día que participé ganó una pareja que interpretó una canción tan bonita y movida que, al escucharla, hasta yo, que no sé mover mis caderas con gracia, me puse a bailar detrás del escenario. El resto de los concursantes que pasamos a la ronda final recibimos cien dólares de consuelo y la satisfacción de haber realizado nuestro sueño de estar en vivo en Sábado gigante, un programa

que antes de ese viaje solo habíamos visto por la panta-
lla chica de un televisor.

Pero esta vez no viajaba a Los Ángeles para ganar el
pase a un concurso; llegaba para quedarme por tiempo
indefinido y, al principio, acepté vivir con mi hermano,
quien me recogió en el aeropuerto de la ciudad angelina, donde él tenía su propia oficina entre la calle Siete
y la Figueroa. Soñaba con estudiar la carrera de Derecho. Me dio mucho gusto ver que había encauzado su
inteligencia en algo productivo; también tenía meses de
casado y esperaba el nacimiento de su primer hijo. Parecía que las vicisitudes de la vida en este país o que la
ilusión de formar su propia familia lo ayudaron a sen-
tar cabeza. Noté que su carácter se había apaciguado un
poco y afrontaba la vida con responsabilidad. Esto fue
una linda sorpresa para mí, porque dos tíos por parte
de papá decían a espaldas de Robert que él carecía de
aspiraciones realistas, que no maduraba y que tarde o
temprano terminaría de vago. Papá se molestó mucho
con mis tíos. Tanto él como mamá, pese a que se preo-
cupaban demasiado por Robert, en el fondo, jamás perdieron la fe en él. Nos pedían a todos que oráramos a
diario por su bienestar. Al verlo de nuevo comprobé que
mis tíos se habían equivocado, porque mi hermano salía adelante por sí mismo. Era un hombre emprendedor
que gozaba de mucho éxito. Quizá lejos de Guatemala
se liberó de algo que desconocíamos o no entendíamos
que le espantaba el espíritu. Después de todo, solo uno
conoce el camino que ha recorrido y las huellas que dejan quienes en su momento nos acompañan a cruzarlo.

La única piedra en el zapato era que la relación ma-
rital de mi hermano tambaleaba. Pronto mi llegada se
convertiría en una razón adicional de discordia con su
esposa. Trataban de definir qué hacer conmigo. Yo buscaba trabajo en el periódico y salía durante el día para

hacer algunas entrevistas, pero mi hermano se empeña-
ba en que trabajara para él en su oficina, y su mujer, en
que la asistiera a ella con los quehaceres del hogar. Ima-
gino que ambos procuraban ayudarme, pero ninguno
entendió el propósito de mi viaje. Cansada de explicarles y de discutir sobre algo que solo a mí me competía
decidir, a la tercera semana de estar con ellos desaparecí
sin decir adiós y, por fin, comencé a escribir mi propia
historia.

8. Patoja atrevida

Salí apurada de la casa de mi hermano con los únicos cincuenta dólares que junté antes de mudarme a los Estados Unidos. También me llevé un pequeño maletín de espalda con una mudada. Fue lo único que me dio tiempo a sacar antes de que él y su esposa regresaran; no me interesaba tener otra discusión innecesaria con ellos.

Busqué a una excolega del colegio donde trabajé en Guatemala para averiguar cómo se abría paso en Los Ángeles. Ella había viajado con el fin de trabajar dos años para ahorrar dinero. Me contó que seguía buscando un oficio de niñera donde también le permitieran quedarse a dormir de lunes a viernes. Así el fin de semana continuaría compartiendo un apartamento de una recámara con sus tías para ayudarse con los gastos de vivienda. A pesar de no tener mucho espacio donde vivían, fueron muy generosas de ofrecerme posada por unos días mientras buscaba trabajo.

Yo madrugaba a diario para tomar el autobús en dirección al centro de Los Ángeles, donde había una agencia que ayudaba a mujeres inmigrantes a encontrar trabajo doméstico. La mayoría de ellas compartían angustias similares: necesitaban enviar dinero a los hijos que dejaron encargados con algún familiar en su país de origen. A algunas las atosigaba tener que pagarle al coyote que las ayudó a cruzar la frontera. Varias de ellas, contra su voluntad, en el camino abonaron con su cuerpo parte de la deuda. Desde entonces escucho historias de mujeres que en su travesía caen en manos de estos desalmados que se aprovechan del más vulnerable.

En la agencia nos acomodábamos en una salita rogando a Dios que alguien nos contratara, aunque pagaran menos del salario mínimo. A veces me daba la impresión de estar en el mercado central de mi tierra, donde los compradores regatean el precio de la mejor fruta a los pobres indígenas que trabajan desde que los rayos del sol los despierta hasta que los arrulla el crepúsculo. Siembran y cosechan los víveres que luego acarrean, rompiéndose el lomo, hasta el puesto del mercado. En la agencia del centro de Los Ángeles acontecía algo parecido, la diferencia era que ahí no se canjeaba dinero por mercancía, sino por oficios pesados.

Era inaudito ver amas de casa regateando el salario de otras mujeres que habían arriesgado la vida en el desierto para venir a ganársela trabajando en este país. Las contratistas insistían en pagar lo menos posible a cambio de más horas de arduo trabajo y mejor servidumbre. Me di cuenta de que, como diría un amigo, «la avaricia no tiene rostro, donde quiera explota». La necesidad obligaba que uno aceptara cualquier cosa y firmara el contrato. Por desgracia o por fortuna nunca fui una de las elegidas, regresaba frustrada al apartamento esperando tener mejor suerte al día siguiente.

«Fíjese que la señora del apartamento de abajo vive sola. Pregúntele si puede vivir con ella. Entre las dos se ayudarían con los gastos», comentó una de las tías de mi amiga cuando regresé de la agencia. Su indirecta fue clara. Dicen por ahí que al tercer día de arrimado el muerto apesta y yo llevaba semanas en esa situación. Pese a que ellas fueron muy nobles y varias noches me convidaron de sus alimentos, mis cincuenta dólares se habían esfumado entre algunas sopas instantáneas de un dólar y los pasajes del transporte público.

Les cuento a mis hermanas adoptivas que la suerte comenzó a ser benévola cuando conocí a Estela, una amiga de las tías de mi amiga que las visitó un fin de semana. Comentó que los señores Jones buscaban ayuda para cuidar seis días a la semana a una abuela de noventa años. El trabajo era en Manhattan Beach, una ciudad residencial cerca del mar. Imaginar que trabajaría a unas cuadras de la playa me rescató el buen ánimo. Recordé cuando de pequeña viajaba con mi familia al puerto. Apenas podía flotar en el agua cuando ya me atrevía a retar a las olas. Más de una vez mi madre pareció agonizar de pena viendo el oleaje del monstruo marino tumbarme de forma abrupta. «¡Roberto! —le gritaba a papá—. ¡No le despegue un ojo a esa patoja atrevida! ¡Se la va a llevar una ola!».

Papá decidió enseñarme cómo burlar las olas sujetándome de un brazo, y aprendí a calcular los tiempos para sumergirme por debajo de ellas. «Solo es cuestión de encontrarle el modo a las cosas, mija», me decía al salir ilesos del otro lado. En esas palabras pensé cuando Estela explicó de qué se trataba el empleo. Al principio me parecía un gran desafío, como las olas, pero supuse que sería cuestión de encontrarle el modo al trabajo, por lo que acepté la oferta.

—¡Hello, Lora! —saludó la señora Jones con una sonrisa de bienvenida después de que Estela nos presentara. Noté que mi primer nombre, Laura, sonaba diferente en sus labios. No quise presentarme como Isabel, solo mi familia me llamaba por mi segundo nombre.

—Vienes muy bien recomendada —continuó traduciendo Estela.

—¿Cuántos años tienes?

—Cumplí veintiuno en septiembre.

—Eres muy joven —enfatizó.

Al notar que su sonrisa se esfumaba, Estela le garantizó que yo era muy trabajadora y que ella interpretaría para mí en español las veces que fuera necesario para comunicarnos bien. Siempre le estaré agradecida a Estela por haberme dado la mano a pesar de no conocerme bien, y a la señora Jones, por proveerme mi primer trabajo en el norte.

—¡Grandma! —dijo la señora Jones en voz alta dirigiéndose a la abuela, que descansaba en un sofá celeste de la sala. Era una mujer muy delgada, de tez blanca, y usaba lentes. Una peineta de colores claros adornaba su cabello espumado.

—Te presento a Lora.

—¿Quién? —preguntó la abuela.

—¡Lora! —repitió la señora Jones alzando de nuevo la voz.

—¡Oh! Enna. ¡Hola! ¡Qué bueno que regresaste! —contestó la abuela cambiándome el nombre.

—Parece que le recuerdas a otra persona —explicó la señora Jones con cierto bochorno al ver la impresión en mi rostro.

—Padece de alzhéimer —me explica Estela, que sigue traduciendo entre nosotras—. La señora Jones dice que la abuela a veces les cambia el nombre a todos, no reconoce ni a su hijo. Su cuidado será tu prioridad cuando ella se vaya a trabajar. Necesita que ayudes a la abuela a vestirse, a caminar, a comer y a ir al baño. La señora Jones regresa del trabajo a las tres de la tarde, a esa hora estará pendiente de la abuela en tanto tú limpias la casa. Son dos pisos, pero dice que ensucian poco porque aquí viven solo ellas dos y su esposo. ¿Crees que puedes hacer este trabajo?

—¡Por supuesto! —respondí sabiendo que no sabía hacer nada.

En casa de mis padres rehusé a aprender los menesteres del hogar. Por un lado, por la pereza propia de una niña que prefiere jugar; por otro, como símbolo de

protesta porque a los varones les permitían ser desobligados. Jamás les exigieron que ayudaran a preparar una
merienda o que tendieran la cama o barrieran el patio,
ni tan siquiera que recogieran su ropa sucia. Esto era
producto de una cultura machista que fomentaba la
idea equivocada de que un hombre pierde su hombría
si agarra una escoba, cambia pañales o se pone delan-
tal. Pero ahora no se trataba de exponer un argumento
de igualdad de géneros, sino de aprender a limpiar una
casa y cuidar de una persona mayor, para sobrevivir en
un país y en una cultura desconocidos para mí.

9. La abuela americana

—Es muy importante que estudies inglés pronto para que podamos entendernos sin la ayuda de Estela —recalcó la señora Jones—. Hay una escuela nocturna para adultos donde enseñan inglés como segunda lengua, se llama ESL. Te acompañaré a registrarte, así te muestro el camino para que llegues por ti misma de ahí en adelante.

—En lo que aprendes inglés llámame si tienes preguntas o surge cualquier emergencia —ofreció gentilmente Estela—. Yo trabajo para los vecinos de al lado; ellos me pidieron que ayudara a esta familia a encontrar alguien de mi confianza. No me vayas a hacer quedar mal.

—Claro que no. Gracias, Estela. Por favor, dile a la señora que prometo esforzarme y aprender rápido.

—¡Perfecto! Tú ser jovencita mucho inteligente —se animó a decir la señora Jones con su español limitado y mal pronunciado—. Yo hablar poquito palabras. Tiene uno diccionario de dos idiomas muy bueno. Poder prestar a ti —siguió diciendo.

—¡Muchas gracias! Disculpe, ¿cuál es el salario? —inquirí; me parecía importante llegar a un acuerdo desde el principio. Había aprendido de mamá que lo hablado es lo entendido.

—Ciento veinticinco dólares a la semana, más techo y comida —contestó al instante.

La cantidad me pareció una ganga, ganaría tres veces lo que hacía en un mes impartiendo clases en un colegio bien pagado en Guatemala. Además, vivir con ellos me permitiría ahorrar dinero. «Progresaré rápido», pensé emocionada.

—¿Tú poder comenzar lunes? —preguntó la señora Jones, otra vez con su español pobre.

—¡Yes! —me animé a contestarle.

—Gracias por su voto de confianza, no se arrepentirá —terminó de traducir por mí Estela.

Mi jornada comenzaba de forma religiosa todos los días a las siete de la mañana. Lo primero que hacía con la abuela era bañarla acostada en su cama porque el lavado de la planta baja era una tina y se nos dificultaba acomodarla sin lastimarle una pierna. Yo llenaba de agua tibia una cubeta pequeña color rosa. Enjabonaba todo su cuerpo con unas toallas blancas pequeñas. Frotaba con gentileza su piel suave, que tenía exageradamente cerca de los huesos. Cualquier roce descuidado le causaba moretones.

El primer día de trabajo la señora Jones me enseñó cómo limpiarle entre las piernas a la abuela cuando defecaba. La abuela fruncía un poco el ceño, pero no más que yo cuando pasaba la toalla por su parte íntima. Me daba mucha pena y supongo que a ella también. Al principio me intimidaba la labor. Yo nunca le había cambiado ni los calzones a una niña. Ni siquiera conocía bien mi propia vagina porque en mi casa y en los colegios donde estudié, todo lo que tenía que ver con la sexualidad humana era tabú, mientras la ignorancia era sinónimo de pudor. La señora Jones no podía creer la cara de búho que puse del estupor que me causó ver los tres orificios en la parte privada de la abuela, pensé que a mí me faltaba uno en la mía. Por la tarde, agarré un espejo de mano y me encerré en el baño para explorar mi anatomía vaginal. Sentí una mezcla de asombro y alivio al descubrir que la abuela y yo no éramos diferentes, pues teníamos la misma cantidad de entradas al cuerpo.

Su ropa favorita eran un vestido rojo y otro azul oscuro de manga larga de algodón que le cubrían hasta los tobillos. Cada dos noches yo echaba en la lavadora el vestido que se había puesto, por si se le ocurría elegirlo de nuevo a la mañana siguiente. Me resultaba curioso que a pesar de su pérdida de memoria nunca olvidaba sus prótesis dentales ni su ropa interior, una playera blanca desmangada y un calzón rosado. Yo insistía a diario en ponerle el pañal, pero ella rehusaba. Era una señora muy dulce pero bastante obstinada. Perdí la cuenta de las veces que tuve que lavarla con toallas porque no llegábamos a tiempo al baño.

Al terminar de vestirla íbamos al comedor, donde yo demoraba cuarenta minutos dándole de comer en la boca, como si fuera un bebé. Por lo regular desayunaba un yogur, un huevo revuelto, la mitad de un pan dulce y un vaso de leche. En el almuerzo y en la cena su comida favorita era un pedazo de pechuga de pollo horneado en salsa de limón, puré de papa dulce, arvejas cocidas en agua, durazno picado en miel y un jugo de naranja. No sé si había perdido el paladar o no se aburría de comer lo mismo. A lo mejor, por el alzhéimer, no recordaba que repetía la merienda.

Le lavaba los dientes en la mesa sobre una palangana chica. Era extraño que me dejara cepillárselos, porque nunca permitió que tocara sus prótesis dentales, ni siquiera para ponerlas en remojo cuando se las quitaba antes de dormir. «I can do it, Enna» (yo puedo hacerlo, Enna), aseguraba. Nunca pudo recordar mi nombre.

Durante el día se entretenía sentada en el mismo sillón celeste viendo sus telenovelas y miniseries favoritas. En realidad, ya casi no podía ver ni con lentes, pero creo que escuchar las voces de personajes conocidos la hacían sentirse en un ambiente familiar. Yo aprovechaba la oportunidad para afinar mi oído escuchando la pronunciación de los actores y las actrices, y para aprender la jerga en inglés.

Por la tarde, luego de terminar la limpieza de la casa, la señora Jones me pedía que la ayudara en la cocina a preparar su receta del día. De paso, me instruía en el arte culinario. Lo que más disfrutábamos guisar eran dos platillos italianos: linguini bañados en salsa de molleja, cebolla picada y vino; y el pollo a la cacciatore deliciosamente ahogado en condimento de hongos. Charlábamos a medias. Yo articulaba palabras que iba aprendiendo en inglés americano en la escuela nocturna; ella machacaba su escaso español. Con frecuencia nos auxiliaba el diccionario que mencionó al contratarme, y reíamos mucho como dos niñas inocentes que se entendían más allá de las barreras del idioma.

10. Odisea de un inmigrante

¡Qué alegría sentía cuando llegaba el domingo! Era mi día libre en el trabajo y jugaba al baloncesto con gente que hablaba solo inglés. Mi intención era amigarme con el idioma y aprenderlo más rápido. Como parte de mi rutina dominical, iba a la cancha de una escuela local para niños, donde también recordaba mis temporadas como deportista durante mi niñez y la adolescencia.

En la cancha de baloncesto había formado mi carácter compitiendo por la pelota, la velocidad y la altura. Yo era de estatura mediana, pero jugando me sentía gigante. Practicaba el tiro libre en el recreo, por las tardes y hasta un rato los domingos en el parque de cualquier pueblo que visitáramos en familia. Tanta práctica me fogueó para mejorar mi juego. Entré en la selección del colegio, pero fuimos el hazmerreír durante todo el torneo juvenil de ese año; cualquier equipo arrasaba con nosotras. A algunas nos avergonzaba pararnos en la cancha; yo iba a jugar pidiéndole a Dios que cancelaran el juego antes de que iniciara.

Le pedimos a la hermana de una jugadora del equipo y a su prima, que venía de visita desde Nueva York, que nos entrenaran durante las vacaciones para el siguiente campeonato. Practicábamos hasta que la planta de los pies no daban más. Cada jugadora destacaba por alguna habilidad en particular: Lesbia era muy buena defensa, con gran facilidad arrebataba la pelota a las jugadoras del equipo adversario; Claudia se estiró tanto en los meses de otoño que su altura inspiraba respeto en el campo, le bastaba alzar los brazos para desviar el balón; la Chapis, a quien así llamábamos de cariño por su corta estatura, era rápida y ágil para maniobrar la pelota por debajo de la cintura; Rodenas era enfocada y veloz como un conejo. También estaban Jessica y Carla como suplentes, ambas poseían una actitud positiva que no conocía el desaliento. Yo era centro, mi objetivo consistía en penetrar el área, aguantando la presión de la defensa contraria para encestar los dos puntos de gloria. Nuestro juego se volvió más diestro, seguro y mejor coordinado en equipo. Sorprendimos a medio mundo que nos rodeaba cuando nos coronamos campeonas. Gracias a esta hazaña a los trece años, en el colegio nos trataban como una especie de heroínas. Me di cuenta de que la práctica edifica al más novato y que no existe la derrota, solo la mente derrotista.

Pero en Estados Unidos mi objetivo de jugar era amigarme con algunos gringos del vecindario para pulir mi dicción anglosajona, lo mismo que intentaba lograr asistiendo a la escuela para adultos. Las noches las consagraba al aprendizaje. Caminaba milla y media para llegar a la escuela, en la ciudad vecina de Hermosa Beach. Al regresar a casa de la señora Jones, seguía estudiando en mi cuarto hasta la madrugada con el libro Inglés básico, cuya portada tenía rayas blancas y rojas sobre un fondo azul. También copiaba cada párrafo de Mi pequeña Biblia, que papá me había enviado por correo junto con la versión en inglés para facilitarme el entendimiento de su traducción al español, obligándome yo misma a transcribir el libro completo. Con disciplina aprendí rápido y a los doce meses me propuse sacar la high school para adultos. Solo me tomaría medio año, porque convalidaban las materias similares que estudié en Guatemala cuando cursé el Magisterio. Lo que tenía que mejorar eran mis conocimientos de la historia de Estados Unidos, mi pronunciación en inglés y mi escritura.

Mis compañeros de la escuela nocturna de ESL aseguraban que el diploma de high school no mejoraría mi suerte en comparación con la de ellos. La mayoría llegaron a Los Ángeles con sueños de volar muy alto y se estrellaron contra una realidad de penuria y persecución. Contaban que algunos inmigrantes regresaban a sus países dándose alas de grandeza, pero que si compartieran su verdadera experiencia, otros jamás arriesgarían la vida para venir a este país.

—Nadie nos dijo que en Estados Unidos los indocumentados viven bajo la penumbra, huyendo de la migración que arremete contra nosotros. Es inadmisible que nos persigan por realizar trabajos fatigosos y mal pagados que muchos ciudadanos repudian hacer —recalcaban.

—El cine de Hollywood exporta al mundo la falsa imagen de una vida llena de encanto y éxito rápido. Uno se cree el cuento y venimos a este país soñando con hacernos ricos en tres patadas. Si las películas sacaran imágenes de Skid Row (una zona en el centro de Los Ángeles donde acampan en la calle cientos de mendigos) y del parque MacArthur, la gente vería que aquí también hay pobreza, drogas y tráfico de niños, que se hacen hombres antes de tiempo a consecuencia del abuso y el hambre —argumentaban otros con gran repudio al sistema.

No faltaron quienes expresaran con resentimiento que en este país gana el que está dispuesto a perderlo todo: la compasión, su nombre de bautizo y hasta la vergüenza.

Algunos compañeros tenían una visión paradójica de la vida en Estados Unidos. Esperaban en las esquinas que alguien los contratara para trabajar en construcción, limpieza o de lo que fuera con tal de juntar algo de dinero. Alimentaban la esperanza de volver a su tierra con los bolsillos cargados de billetes para abrir un negocio. Me aconsejaban que hiciera lo mismo.

—Chamaca, en esta tierra los latinos valemos un cacahuate —decían—. Aprende bien el idioma para conservar tu trabajo, pero no dejes de ahorrar unos centavos, porque los patrones cuando ya no te necesitan no se tocan el alma para botarte de su casa. Le tienen más consideración a un perro y a un gato que a un ser humano. Si ahorras, por lo menos no regresarás a los tuyos con las manos llenas de aire.

—Olvídate del diploma de high school, ese papel no sirve de nada —insistían algunos—. Mejor enamora a un ciudadano americano, así arreglas tu tarjeta de residencia, esa que llaman green card. Estás joven. No eres fea. Solo maquíllate un poco la cara y depílate esas cejas tan espesas que tienes. Vístete más sexi, con un poco de suerte te enganchas a un gringo.

Tenían algo de razón. Luzco mejor con las cejas depiladas, pero no necesité buscar marido para arreglar los papeles de mi residencia. Los señores Jones me tomaron cariño y decidieron arreglarme por medio de mi trabajo doméstico. En cuanto a graduarme en la high school, eso no evitó que me azotaran las olas de retos de diferente envergadura, pero sí me ayudó a mejorar el inglés, que se convertiría en herramienta indispensable para hacerles frente. Mi lucha, al final, no sería en vano.

11. El rostro de la traición

Estaba orgullosa de que ya me defendía en inglés y engordaba una cuenta de ahorros bajo el colchón. Había enganchado mi primer carro usado, un Hyundai gris de cuatro caballos de fuerza que no me gustaba, pero era lo único que podía pagar a plazos. Un amigo me dio un par de lecciones y, a falta de maestro fijo, yo sola terminé de enseñarme a conducir. Me favoreció que el área donde practicaba era residencial, no transitaban muchos vehículos ni gente por la calle ni me paró la policía. Pese a unas cuantas ofensas que sufrió el parachoques y el espejo lateral derecho en pequeños accidentes, mi auto y yo nos hicimos buenos amigos; juntos conocimos la ciudad y compartimos aventuras de gran aprendizaje con otra gente.

Pero no para todos salía el arcoíris de oportunidades; varios amigos estaban en una compleja tesitura, como era el caso de Marcos y su novia. No encontraban manera de arreglar sus documentos de residencia ni de conseguir permiso de trabajo en este país. Llevaban meses sin empleo y esperaban el nacimiento de su primer bebé. Su situación económica les apretaba tanto el porvenir que Marcos se vio forzado de aceptar un oficio transitorio en Washington DC y tendría que separarse de su mujer por una temporada. Me pidió que le prestara seiscientos dólares y mi Hyundai para trasladarse. No me atreví a decirle que no, sentía responsabilidad de ayudarlos, porque las hermanas de la caridad me enseñaron que un buen cristiano se quita el saco para cubrir al prójimo del frío, aunque uno termine quedándose desnudo.

Cuando tenía diez años, casi me ahogo en una piscina por tomar semejantes consejos de las hermanas de la caridad al pie de la letra. Estábamos en un club del Ejército donde mi tío, que era militar, nos invitó a pasar el día. Jugábamos con otros niños que, al igual que yo, flotaban en el agua con algo de esfuerzo. Uno de ellos pensó que eso sería suficiente para tirarse de un trampolín y se lanzó si pensarlo mucho. Al ver que no salía, me ganó el afán de querer rescatarlo y me tiré al agua confiando que podía hacerlo. Él se sujetó a mi cuello con la fuerza de un imán y ambos descendimos hasta el fondo. De no haber llegado a tiempo el salvavidas, los dos hubiésemos seguido tragando agua hasta tragarnos la vida.

Mis padres solían decir que yo era muy confiada y bonachona, que si seguía poniendo las necesidades de otros por encima de las mías me usarían de escalera para avanzar ellos mientras yo me quedaba en el mismo lugar. Me tomó años y muchas lágrimas desaprender la filosofía de mártir de las hermanas de la caridad para alcanzar la sabiduría de vida de mis padres. Marcos me daría mi primera lección. Pasamos casi tres meses sin recibir noticias suyas. La novia sacaba conjeturas de que su debilidad por el perfume femenino seguro lo había mareado. Se preguntaba cómo ese hombre había sido capaz de olvidarse de su hijo, que en cualquier momento podía nacer. Una tarde tampoco su novia contestó el teléfono, supuse que había dado a luz y, sabiéndola sola, fui a buscarla para ofrecerle mi apoyo. No la encontré. Según la señora que le alquilaba el cuarto donde vivía, Marcos llegó a buscarla una noche. La señora no pudo o no quiso darme razón adónde se marcharon. Abandonaron mi auto descompuesto en la calle, y ni esperanzas tuve de recuperar el dinero que les presté; quién sabe qué fue de ellos.

—Esos dos eran unos Judas —expresan molestas mis hermanas adoptivas.

—Fue decepcionante —comenté.

—¿Y qué hiciste con el carro?

—Tuve que pedirle prestado dinero a la señora Jones para que una grúa lo llevara a un taller.

El esposo de la señora Jones me había advertido que «el carro es como el cepillo de dientes, no se le presta a nadie». A lo que contesté: «Yo confío en mis amigos», con una certeza y con un orgullo que el viento arrasó después de lo sucedido. Guardé mi vergüenza en la maleta que llevaba y trabajé varios meses adicionales con ellos para pagarles hasta el último centavo. Luego comencé de nuevo a buscar un trabajo con mejor paga.

Me reuní en un café de dónuts con mi amiga de Guatemala para compartir nuestros agobios y planes futuros. Ambas terminamos desahogando la nostalgia de extrañar a la familia, sobre todo, a nuestros viejos. La última vez que vi a mamá yo apenas llevaba cuatro meses de haber inmigrado. Ella había viajado con la intención fallida de persuadirme de volver a casa. Seguía remisa a verme de mucama en Estados Unidos en lugar de ejercer como maestra en mi país. Trajo a mi hermana mayor —su confidente y brazo derecho por su madurez y gran sentido de la responsabilidad— para que la ayudara a convencerme. Mi hermana jamás protestaba contra las reglas de mamá, pero esa vez la desobedeció. Me expresó a escondidas de mi madre que admiraba mi valentía y me animó a seguir luchando. Escuchar sus palabras fue lo mismo que recibir la bendición de Dios. Esto le contaba a mi amiga cuando nos interrumpió un señor que nos escuchaba desde la mesa contigua.

—¿Ustedes de dónde son? —preguntó.

—De Guatemala —contestó mi amiga.

El hombre era de cuerpo menudo y tenía más o

menos sesenta años, unas líneas grises teñían casi por completo lo que le quedaba de cabello a los lados. Daba la impresión de conservarse ágil y lúcido. Comenzó a compartir sucesos de su vida, de sus hijas y sus nietos. Nos pareció interesante su historia. También nos dio consejos que solo da un padre.

—Cuídense mucho, porque los jóvenes de hoy ven a la mujer como un objeto sexual, no la respetan. Ustedes son muchachas de bien, con buenos valores.

Sus comentarios fueron ganándonos gota a gota hasta suavizarnos el corazón de jovencitas crédulas.

—Escuché que estás buscando trabajo… Laura… ¿así dices que te llamas?

—Sí, ese es mi nombre.

—Fíjate que yo necesito ayuda para limpiar oficinas y estufas viejas en unos edificios, podría pagarte ocho dólares la hora. ¿Te interesa el trabajo?

—¿Habla en serio?

—¡Sí, muchacha! Yo estoy viejo y me canso, necesito una compañera joven y fuerte como tú que me ayude. Ganarías mucho dinero conmigo y nos ayudaríamos el uno al otro. ¿Qué dices? ¿Aceptas?

Se había portado muy amable y comprensivo. Parecía serio y respetuoso. Su manera de ser me recordaba a mi viejo, o quizá fue la añoranza de saber a papá lejos la que me inspiró a confiarle como se le confía a un padre. Una semana más tarde renuncié donde la señora Jones para irme a trabajar con ese señor. Me pareció que tenía buena voluntad y —por inocente o por idiota— también acepté hospedarme en su apartamento para ahorrar dinero y poder alquilar uno propio más adelante.

12. Sanando una vieja herida

Sentía mi cuerpo como si me hubiesen apaleado. No estaba acostumbrada a doblar tanto la espalda ni a mover cosas pesadas. Por mi falta de experiencia, tampoco había usado guantes para protegerme las manos, que se despellejaron por el efecto de los químicos de limpieza. Me ardían como si tuviera la carne al aire libre y les restregara un pedazo de limón. Al final del día me unté algo de crema y me acosté en el sofá de la sala para dormir.

Noté las paredes blancas del apartamento del señor llenas de cuadros familiares que me recordaban la casa de mis padres, donde siempre me sentí protegida. El señor leía muy entretenido el periódico en la mesa del comedor. Usaba anteojos y bebía café al mismo tiempo, igual que solía hacerlo papá en las noches o los sábados por la mañana cuando yo era pequeña. De pronto, dejó de leer para insistirme que reposara un rato en su cama. «Estarás más cómoda. Con dos horas que descanses sobre el somier te sentirás como nueva», reiteró. Pensé que era muy buena gente y accedí, quedándome dormida casi al instante del puro cansancio. Jamás imaginé que a medianoche el tipo fuera a despertarme acariciándome las nalgas. Salté de la cama sintiendo que mi corazón quería escabullirse por mi boca.

—¿Qué te pasa? ¿Por qué reaccionas así? —preguntó él como desconcertado.

—Usted me estaba metiendo mano —le reclamé.

—¿No te gusta que te acaricien?

—Yo no le he dado motivos para que me ande sobando.

—Pero si te metiste en mi cama.

—Porque usted me la ofreció para descansar un rato, eso no le da derecho a manosearme —le grité.

—¿A poco nunca has estado con un hombre? Como te acostaste en mi cama, yo pensé…

—Pensó mal.

—No importa, yo puedo enseñarte a ser buena amante.

—Si vuelve a tocarme le reviento esta lámpara en la cabeza y grito más fuerte para que escuchen los vecinos —le aseguré, tan llena de miedo que me oriné parada.

—Pero si no quiero lastimarte, nada más mójame el pene con tu lengua, o sóbalo con las manos. No seas malita, no me dejes con las ganas; si eres buena, te pago el doble de lo que ganaste hoy.

—¡Viejo sinvergüenza! Le advertí que no se acercara.

Salí del cuarto con la lámpara de mesa en una mano, sin despegarle la mirada ni un instante. Agarré mi maleta como pude dejando atrás algunas cosas.

—¿A dónde vas a ir? El área es muy peligrosa a esta hora. Espera a que amanezca —dijo el muy desvergonzado.

—Más peligro corro aquí con un viejo rabo verde —le aseveré al último y me marché espantada de su apartamento.

Caminé apresurada y trémula hacia el estacionamiento. Al mismo tiempo sentía un inmenso alivio por haber salido indemne, como si hubiese librado otra batalla aún más grande, una que esa noche descubrí que llevaba peleando dentro de mí por más de una década. El susto que pasé con ese señor me transportó al pasado, a un verano de fuego que salí de vacaciones con mi familia a un balneario del Puerto San José en Guatemala.

Nos acompañaron una pariente muy allegada que se llamaba Lola, su esposo, Héctor, y su hijo. Nos hospedamos en el mismo chalé, donde ellos ocuparon una recámara y mi familia ocupó dos. Por la tarde, cuando el calor húmedo sofocaba a cualquiera, mi hermano menor y yo le pedimos a mamá que nos dejara ir a la piscina mientras ella y Lola preparaban la merienda en la cocina. Mi madre insistió en que esperáramos a papá y mis hermanas para que nos acompañaran.

—No les doy permiso para que vayan solos porque usted es muy atrevida en el agua, mija —contestó.

—Si quiere yo cuido a sus patojos, Vera, voy a llevar a mi hijo —ofreció Héctor.

Se había ganado la confianza de mis padres desde que ayudó a mi hermano mayor con el asunto de un trágico accidente automovilístico del que salió sin ningún rasguño por piedad del universo. Desde ese día, Héctor frecuentaba nuestra casa o nosotros visitábamos la suya algunos domingos. A menudo viajábamos con su familia al interior del país o hacíamos carne asada en algún parque. Héctor también le enseñó a mamá a manejar cuando ella ya pasaba los cuarenta años. Esto porque papá carecía de paciencia para ayudarla él. En cada intento terminaban discutiendo acalorados y ella se ponía más nerviosa. La última vez que mi viejo trató de enseñarle, mamá, de los nervios, apretó el acelerador en lugar de los frenos y fue a estrellarse contra la parte trasera de un auto estacionado.

—Déjelos que vayan con Héctor a mojarse un rato, Vera, este calor desespera —insistió Lola.

—Se los encargo, Héctor —por fin accedió mamá—. No deje que esta patoja se meta sola en la parte honda.

Caminamos a paso lento, como haciendo las paces con el aire tibio y fatigado. Las ramas de las palmeras apenas se movían. Por todos lados mirábamos gente tomando cerveza y dándose aire con un abanico de mano. Otros se mojaban el cuello y la frente con un trapo húmedo. Algunos se mecían en una hamaca y escuchaban en una radio portátil las canciones de Menudo, Camilo Sesto, Juan Gabriel, Diana Ross y los Bee Gees. Me encantaba andar descalza, pero esa tarde el asfalto ardía tanto que me puse sandalias.

Llegamos a la alberca. El agua estaba caldeada por el sol, así que nos lanzamos a esta con el mismo ímpetu que una persona bebería un vaso con agua en medio del desierto. Mi hermano mayor me había enseñado a nadar; pero todavía lo hacía a medias, como si fuera un renacuajo. Mantenía la mitad de mi cabeza dentro y la otra mitad afuera. Héctor se reía del movimiento de mis extremidades, parecía que yo pedaleaba una bicicleta mientras escarbaba con los brazos un hoyo abajo del agua.

—Si quieres yo te enseño a nadar bien —me propuso—. Vamos al otro lado de la piscina, donde no hay gente, ahí tendremos más espacio.

—Sí. Vamos —acepté entusiasmada.

Él me sujetó con una mano en el estómago y la otra sobre mi espalda.

—Estira las piernas y patalea con fuerza —me decía—. Mueve los brazos formando círculos completos por encima y abajo del agua. No voy a soltarte, conmigo estás segura —reiteraba a cada momento. Practicamos casi una hora.

—¿Estás cansada? —me preguntó.

—Un poco —respondí.

—Descansemos un rato en la escalera de hierro —sugirió él.

La escalera estaba a un lado de la parte honda. Él se sujetó de esta con el brazo y el pie izquierdo. Después me senté en su pierna como se sienta un jinete sobre su caballo. Escondió su mano derecha debajo de mi traje de baño justo sobre el ombligo. Comenzó a sobarme el abdomen. Luego apretó mi busto y jaló mi pezón. Me sentí incómoda. Azorada. Nadie antes me había tocado de esa manera invasiva. Escuché su respiración rápida muy cerca de mi oído derecho. Entonces, le dije angustiada:

—Regresemos adonde está mi hermano.

—Vamos a quedarnos aquí un rato más —contestó él de inmediato, bajando su mano hasta ese rincón donde mis ojos no alcanzaban a ver. Intenté sacarla a la fuerza.

—¿Prefieres que te ahogue? Todos saben que no nadas bien, pensarán que fue un accidente —me advirtió, mientras introducía sus dedos toscos en mi vagina sin importarle que me lastimara.

Estaba aterrorizada. Muda. Me estremeció un frío interno. Sentí como si viviera una pesadilla. Mis lágrimas se mezclaban con el agua que escurría sobre mis mejillas, al momento que observaba a mi hermano menor al otro extremo, junto al hijo del hombre que olvidó que yo también podía ser su hija. Para mi buena suerte, escuchamos las voces de mis hermanas, que se acercaban, y como si no hubiese sucedido nada, el muy desventurado dijo que volviéramos al otro lado. No quise seguir en la alberca; el agua, mi cuerpo y todo a mi alrededor me provocaba náuseas. No entendía qué había pasado. En el trayecto de regreso al chalé lo único que veía eran imágenes de lo sucedido. Me preguntaba a mí misma qué habría hecho yo para provocar que Héctor se atreviera a tocarme.

Había escuchado a menudo en conversaciones de adultos sobre casos de hombres que tocaban de forma indebida a las adolescentes, o de jovencitas que eran violadas por su novio o algún familiar. La gente siempre culpaba a las mujeres; decían que para qué andaban de calientes enseñando las piernas, que eso les pasaba por salir solas de noche, que de seguro andaban de resbalosas insinuándose a los hombres. Yo me recriminaba a mí misma que si hubiese hecho caso y hubiese esperado a papá o a mis hermanas, nunca habría vivido ese horrible momento. Por instantes, creía que Dios me había castigado por desobedecer a mamá, hasta sentí enojo contra ella, como si hubiese sido cómplice de semejante penitencia. Llegué al chalé y me metí a la regadera para lavarme la sensación asquerosa que me tupía los poros. No le comenté a nadie lo sucedido, solo pensarlo me hacía sentir como porquería; mejor traté de olvidarlo.

Cuando les comparto este triste episodio a mis hermanas adoptivas, ellas me aseguran: «Estas cosas no se olvidan. Te marcan. Te persiguen». Y no se equivocan. De hecho, varias sombras del pasado revivieron cuando aquel hombre mayor intentó abusar de mí en Estados Unidos. Recordé a la adolescente de las áreas rurales que fue ultrajada por sus hermanos y su padre; a la quinceañera, cuya virginidad fue subastada por su propia madre; a las jovencitas saliendo de un bar en la madrugada; a mí misma en la piscina aquella tarde caliente, solo que ahora no era la misma niña a merced del instinto más bajo de un ser humano. Era una joven que pudo defenderse de su adversario. «Lo logré. ¡Me defendí! ¡Me defendí!», repetía entre risas y llanto, como si a la que había defendido fuera la niña dentro de mí, liberándome del peso de una culpa ajena que había cargado por años como si fuera mía.

13. Aventuras y mi conciencia

Subí a mi auto sintiéndome aún conmocionada por el susto. Manejé un buen rato para alejarme del lugar. Cuando logré tranquilizarme y me sentí fuera de peligro, busqué una gasolinera con luz para estacionarme. En ese momento pensé en dos opciones, acudir a Luz, una joven argentina que conocí trabajando en el vecindario de Manhattan Beach, o llamar a la señora Jones. Opté por la primera, necesitaba desahogarme con alguien y sería más fácil hacerlo en mi propio idioma. Luz se conmovió al escuchar lo sucedido y me invitó a pasar unos días con ella y su familia.

A la mañana siguiente, antes de irse a trabajar, Luz llamó a un amigo de su familia que tenía un negocio de fotografías, me recomendó para que me hiciera una entrevista. El señor me hizo tres preguntas por teléfono:

—¿Tienes auto?

—Sí, tengo, don Mario.

—¿Qué harías si tocas veinte puertas y nadie te abre?

—Tocar más puertas —respondí.

—¿Qué haces si alguien que abre la puerta te la cierra en la cara porque no le interesa lo que ofreces?

—Seguir tocando puertas —volví a contestar—. En algún momento encontraré a alguien que quiera tomarse una foto.

—¡Muy bien! Estás contratada. Para este trabajo se necesitan tres cosas: carro, paciencia y no tomarse a pecho el rechazo de desconocidos —concluyó.

El trabajo consistía en vender a domicilio la oportunidad de ser fotografiado en familia por un profesional. A principios de los noventa este negocio era muy lucrativo. No existían los selfis; los celulares apenas eran una ilusión del futuro para la gran mayoría de la población. Cobrábamos seis dólares por adelantado para asegurar el compromiso, misma cantidad que ganábamos por cada familia que llenaba un cupón con sus nombres, domicilio, fecha y hora en que podrían tomarse la foto. Yo le daba la información al fotógrafo, quien confirmaba la cita. En más de una oportunidad pude asistirlo, pero no logré tomar las fotos tan bien como lo hacía él. Sus cámaras, de diferentes lentes y medidas, resultaban complicadas para mí. Otro día él regresaba para tratar de venderle a la familia varias colecciones de fotos que había tomado durante la cita. Era entonces que la compañía sí ganaba dinero; un paquete podía costar hasta quinientos dólares y les daba crédito a los clientes para facilitar los pagos.

No era fácil persuadir a las pocas personas que nos atendían. Me sorprendió conocer a algunas que se sentían incómodas frente a la cámara, aunque a veces podía entenderlas. Hubo un individuo que con la punta de su nariz parecía besar sus propios labios, dos colmillos a los lados de su dentadura se escapaban de su boca al abrirla. Estas singularidades las contrarrestaban su simpatía y la chispeante mirada de sus ojos tapatíos, pero por más que intenté elevar su autoestima no pude convencerlo de llenar el cupón. En realidad, no pude convencer a mucha gente, pero no me daba por vencida. Era cuestión de encontrar el modo de llegarle a cada persona, algo que aprendí con el paso de los días y la práctica. Realicé este trabajo dos meses, hasta que pasé una luz roja buscando la dirección de un cliente y choqué contra la parte trasera de una pickup. Nadie salió herido de gravedad, excepto mi auto, que quedó inservible. Perdí el trabajo y quedé otra vez en la calle y con la deuda del carro.

Llamé a la señora Jones cruzando los dedos por que todavía no hubiese encontrado alguien que me reemplazara. No sé quién tuvo menos suerte, si la abuela o yo. Su enfermedad había avanzado y necesitaba que alguien estuviera pendiente de ella veinticuatro horas al día. Esto forzó a la señora Jones y su esposo a internarla en un asilo de ancianos. Cuando fui a visitarla noté que sus brazos y las piernas estaban llenas de morados. Más penoso fue ver sus glúteos escaldados cuando le cambiaron el pañal cargado de meados. Me entristeció no poder hacer nada para cambiar su predicamento. Lo que sí logré fue convencer a la señora Jones de aceptar mis servicios de limpieza a cambio de techo y comida hasta encontrar otro empleo.

Una mañana que yo caminaba por los restaurantes cerca de la playa compré el periódico Los Ángeles Times. Leí un anuncio que decía: «Se necesita niñera a tiempo completo en Beverly Hills». El sueldo no estaba mal, pagaban doscientos cincuenta dólares a la semana, y podía vivir con la familia. Llamé para pedir una entrevista y me dieron cita de inmediato porque la señora, una joven apenas cuatro años mayor que yo, andaba apresurada de encontrar con quién dejar a su hijo para irse de viaje a Europa con su amante. En ese momento yo no entendía lo que ocurría, me pareció extraño que, sin confirmar referencias, me contratara, poniendo a su hijo en mis manos. También me entregó dinero para cualquier emergencia, las llaves de su BMW blanco y las del condominio donde residían.

Me encariñé con el chiquitín de tres años como si fuera hijo mío. Nos pasa a muchas niñeras, olvidamos que los infantes a nuestro cargo son prestados. Luego nos duele dejarlos cuando ellos crecen o nos toca seguir creciendo a nosotras. Lo enseñé a vestirse, a reconocer las letras, a enjuagar su pacha en el lavamanos y a nadar. Lo instruí en buenos modales y a decir «please», «thank you», «after you, my lady». En la noche él recogía sus juguetes y por la mañana yo lo despertaba con el único párrafo en inglés que escribí para una canción: «Good morning! Good morning! This is a beautiful day. The sun is coming out. The birds start to sing. This is a beautiful day! Good morning…». Mi pequeño se emocionaba mucho al escucharme, quizá porque mi voz significaba para él que había llegado la hora de jugar todo el día, no porque fuese melodiosa. De hecho, aparte de cantarle a él, solo he cantado en una obra de teatro musical, donde mi voz se perdía entre el montón; también en la regadera, pero quienes han vivido conmigo siempre me pedían que bajara el volumen.

Mi niño y yo pasábamos el día entero juntos. Le enseñé a hacer su cama. Él se levantaba y extendía las sábanas, lo hacía a medias, pero celebraba hacerlo él solo mientras yo lo aplaudía. Como la madre viajaba seguido con su querido, nos mandaba a pasar unos días en Nebraska con la abuela y su bisabuela, que lo adoraban. Si mi niño estaba enfermo, yo me quedaba a dormir en su cuarto, cuidándolo con atención y mimos. Su madre, si no salía de viaje, se ocupaba en andar desocupada o consumirse en un pleito legal con su exmarido porque ambicionaba obtener la custodia permanente de su hijo y una cómoda pensión que le evitara la decencia de trabajar. Renuncié el día que quiso chantajearme para declarar ante la corte que ella le dedicaba tiempo a mi niño y que era buena madre.

La hermosa experiencia de cuidar a mi pequeño iluminó una nueva senda para mí. Me di cuenta de que haber sido maestra en Guatemala me posicionaba en ventaja sobre otras niñeras para conseguir trabajo en este país. Yo tenía mejor idea de cómo enseñar a niños que apenas se estaban formando. Algunos padres de familia ofrecían generosas compensaciones monetarias a quien asistiera a sus hijos con las tareas de la escuela y el aprendizaje del español; los sacara a explorar el verde de los campos y los parques; los enseñara a valorar el arte guardado en los museos y a cuidar de los animales, sobre todo de sus mascotas; y que velara por ellos en la enfermedad. Alguien que les diera el cariño y cuidado que ellos no tenían tiempo para darles. Me recordaban a los papás adinerados de algunas compañeras mías en mis años de estudiante, que las dejaban encargadas con la empleada de la limpieza, mientras ellos seguían haciendo dinero. A mí me benefició toparme con padres que eran así en este país. Podría decirse que ser madre de hijos paridos por otras mujeres me dio de comer varios años. A su vez, convivir de cerca con niños me permitió observar el impacto que causa la dinámica familiar en nuestra manera de ser, de pensar y de sentir. Cuando recién volamos lejos de nuestro hogar no somos tan libres como creemos, somos marionetas del pasado, manipulados por los hilos de valores, prejuicios y complejos que otros nos heredaron. Solo alcanzamos la libertad cuando estos hilos dejan de ser invisibles y cortamos los que impiden transformarnos en un mejor ser humano. Supuse que tal vez estudiando Psicología descubriría los míos.

El reto para volver a estudiar sería el costo monetario. Gracias a una de mis hermanas adoptivas, que me pidió que la acompañara a recoger los resultados de sus exámenes de orientación, encontré la vía para registrarme en una facultad conocida como Colegio de la Ciudad de Los Ángeles (LACC). Los estudiantes de bajos recursos sacan ahí dos años de carrera antes de transferirse a la facultad. Cuando llegué al establecimiento sentí una emoción inexplicable. Largas filas de escritorios dentro de las aulas; el bullicio de los alumnos en los pasillos; el olor adictivo a los libros; jóvenes leyendo bajo el amparo de los árboles. Todo me regresaba a mi época de colegiala. Había llegado la hora de aprender a cortar los hilos del ayer, de abrir una nueva puerta, de subir otro peldaño. Me inscribí sabiendo que en el trayecto caminaría entre piedras y bosques desconocidos para lograr mis metas.

Yo disfrutaba cada curso y la idiosincrasia de mis compañeros de otras culturas. Veníamos de cualquier parte del mundo y contribuíamos al cóctel de ideas que nacen de las discusiones más elementales. Mi mundo se expandía de horizontes remotos a otros más futuristas. Nunca volvería a ser la misma joven después de conocer la infinita diversidad humana en un lugar donde todos cabíamos y éramos importantes. Descubrí que en los anhelos se unen corazones muy parecidos, al menos eso pensábamos con Lupe, con quien simpatizamos casi al instante. Ambas pertenecíamos a minorías en Estados Unidos, ella a la afroamericana y yo a la latina inmigrante. Nos unía un idealismo apasionado por la igualdad de los derechos humanos y nuestra determinación de servir a la comunidad, a pesar de los obstáculos que encontrábamos a cada paso.

Yo había aplicado en varias escuelas para trabajar de asistente de maestra de tres a seis horas diarias, pero no recibía respuesta de ninguna. Necesitaba un empleo de medio tiempo con flexibilidad de horario para estudiar y que pagara lo indispensable para comprar los libros y cubrir mis gastos básicos. Supongo que estar varios meses desempleada golpeó más duro mi estado de ánimo. La melancolía trajo a Lupe a mi memoria; ella luchaba por salvar su relación con una mujer esquizofrénica sin importarle el señalamiento de otros. No se dejaba abatir por la adversidad, defendía su relación, a su cónyuge, y siempre defendió a otros compañeros de los enigmas mentales que nublaban sus días. Pensé que quizá sería la única persona capaz de entender mi tortura interior sin juzgarme, sin rechazarme. «Tal vez ella puede ayudarme a sobrevivir este trago amargo que me ahoga más a cada segundo», me animaba diciendo yo sola. Pero minutos más tarde me cuestionaba que «para qué quiero la vida si vivir es un castigo».

TERCERA PARTE

14. El premio mayor

—¡Laura! ¡Laura! ¿Estás ahí? —preguntó al otro lado de la puerta Míriam, mi compañera de vivienda.

—Sí… aquí estoy… Ya casi me duermo —le respondí.

—Regresé de viaje esta mañana, estoy preocupada porque no te vi salir del cuarto en todo el día. ¿Te sentís bien?

—Sí, sí, solo estoy un poco cansada, tuve una semana larga y fatigosa —no le mentí del todo, ya que mi calvario emocional parecía eterno y me había extenuado casi por completo.

—Ok. Si necesitas algo, pégame un grito.

—¡Gracias, Míriam!

Yo aseguré con llave la puerta para que ella no entrara, no quería que nadie me viera en ese estado deplorable. En realidad, Míriam nunca había entrado sin tocar, pero esa noche yo sospechaba hasta del aire que ya casi no llegaba a la habitación. Pensé en mis padres. ¿Cómo estarán? ¿Presentirán la tristeza que postra mi espíritu? Qué fortuna que viven lejos, no tendría el valor de mirarlos a la cara. No reconocerían a su hija menor. Se preguntarían adónde se fue mi alegría, qué habría pasado con la joven valerosa y tenaz dispuesta a jugárselo todo por un sueño. Solo quedaba mi sombra. «Tus papás se habrían angustiado sobremanera», comentan mis hermanas adoptivas. Asentí con la cabeza, mientras otros recuerdos asaltaban mi memoria.

Les cuento que trabajar con niños que rara vez veían

a sus papás me enseñó a valorar aún más a los míos. No es que hayan sido perfectos, ningún padre lo es, tampoco lo fuimos sus hijos. En la época que a ellos les tocó criar no existían cursos para padres de familia ni tantos libros llenos de consejos sabios. Hijos y padres esperábamos unos de otros lo que no éramos capaces de dar de nosotros mismos. En su momento, cada uno en mi familia vistió la toga de juez implacable. La distancia física y los golpes que da la experiencia tuvieron que interceder para humanizarnos un poco. Por encima de nuestra rebeldía como hijos y de su natural imperfección como padres, mis viejos nos formaron lo mejor que pudieron. Ahora comprendo que en la escuela de la vida todos somos alumnos del tiempo. Que solo perdona los errores de otro el que aprende a perdonarse a sí mismo primero. Que el perdón se gana cuando se ama con la fuerza que nos amaron mis viejos. Fuimos su razón de vivir y de ser. ¡Fuimos afortunados!

«No es fácil parir tanto hijo, mucho menos educarlos. Tu mamá fue una mujer valiente, sabia y luchadora», insisten mis hermanas adoptivas, quienes conocieron a mis viejos cuando estos me visitaban en Los Ángeles. Solían recibirlos con una gentil cena de bienvenida, como si ellas también hubiesen sido engendradas por ellos. Les digo que mi madre nació antes de su tiempo. Ellas sonríen y lo admiten diciendo: «Por eso nos gustan los consejos que nos daba tu mamá, era muy abierta de mente». Mamá las apreciaba mucho. Solía decir: «Buenas amigas como estas patojas ya no se encuentran. Ojalá se enamoren de un buen hombre que las apoye para superarse, no de un vividor que las haga retroceder».

Desde muy joven mi madre estuvo en proceso constante de evolución. No se casó hasta los veintiocho años. Eso era inusual en su generación, donde la mujer que no se matrimoniaba con un hombre antes de cumplir veinticuatro se casaba con Dios en un convento para no quedarse solterona. Ella decía que anhelaba formar una familia, pero no sin antes sacar una carrera corta, por si el marido no salía bueno y le tocaba a ella sola jalar la carreta con un hijo. Convenció a mi abuela de dejarla estudiar Secretariado Comercial, pese a que la mayoría de las mujeres no estudiaban en su tiempo. Las pocas que obtenían un título era de maestras y solo lo lograban después de dar clases ad honorem por cierta cantidad de años en alguna escuela pública.

La mayor de sus hermanas desarrolló vocación de maestra e hizo de la enseñanza su primera carrera. Era una mujer justa, inteligente y de mucho carácter. Logró independizarse abriendo una academia donde ella misma impartía cursos de mecanografía; mi madre enseñaba taquigrafía y alguien más daba clases en otras áreas. Después llegó a ser intercesora que abogaba por los derechos de los maestros. Era tan emprendedora que con el tiempo y el apoyo de un esposo noble y trabajador —e inspirada en tres hijas que se graduarían de abogadas en una prestigiosa universidad—, abrió una mueblería.

La otra hermana también fue maestra, pero las circunstancias la obligaron a convertirse en una comerciante creativa y luchadora. De joven no había planeado su vida de esta manera. No imaginó que se enamoraría de un tipo con la cabeza llena de sueños, pero de poca acción. Que terminarían separándose y él desaparecía por años del mapa de su vida y de su hija. Mi tía se vistió de valor y astucia para sobreponerse a su partida. Abrió una tiendita en el cuarto de una casa que se ganó en un golpe de suerte jugando a la lotería. Supo hacer crecer su negocio y terminó convirtiendo también el garaje en una tienda formal. Varias veces tuve la fortuna de ir a quedarme con ella unos días y me dejaba ayudarla haciendo cuentas para darle el vuelto a los clientes. ¡Yo me divertía mucho! Mi tía viajaba a México con frecuencia para comprar ropa y joyería que después vendía en su tienda. El destino la golpearía enfrentándola a varios robos, uno a mano armada. Tuvo que sobreponerse al impacto emocional y las pérdidas materiales para sacar adelante ella sola a su hija adolescente. Fue una guerrera inquebrantable, como mi otra tía, y como lo fue también mi madre.

Mamá insistió de soltera en estudiar para ser secretaria. Al graduarse ejerció su profesión en una oficina de la Pepsi Cola en Suchitepéquez, un lugar en el interior del país. Allí la descubrió papá un día que llegó a vender números de la lotería para apoyar un programa de Boy Scouts. Él trabajaba en una empresa en Escuintla, un pueblo vecino a dos horas de ahí. Quedó impresionado con la delicadeza y simpatía de mamá y comenzó a averiguar detalles sobre su vida. Se enteró de que ella era buena para la taquigrafía; eso le dio la excusa perfecta para buscarla. Le inventó que él necesitaba aprender por motivos de trabajo. Para mamá sería la oportunidad ideal de conocer mejor al joven esbelto y educado que llamó su atención.

Con el pretexto de recibir clases, papá llegaba a verla todos los sábados y de paso la cortejaba. Comenzó a invitarla a salir, iban al cine o a caminar por el parque donde todos los enamorados solían pasar horas charlando alrededor de un kiosco. Para llevarla a la playa tenía que aceptar la compañía de alguno de sus tres hermanos varones que hiciera de chaperón, «no fuera a tentarlos el diablo con alguna calentura de la carne», como murmuraba la gente mayor de esa época. Durante la semana, papá acudía a la magia que creaba con la pluma y el papel para suavizarle el corazón a mamá con cada carta que le enviaba. Ella hacía lo mismo, en especial alguna vez que se pelearon por una tontería que ya ninguno de los dos recordaba cuarenta años más tarde. Solo tenían la noción de haberse quitado el habla por varias semanas.

Mamá le envió un retrato de perfil con una nota de despedida en la parte de atrás que decía: «Te amaré siempre. ¡Adiós!». Convencida de no poder amar a otro hombre con la misma intensidad que amaba a mi viejo, consideró la vida del noviciado para sedar sus sentimientos con rezos y buenas obras que beneficiaran a los más necesitados. Pero un día fue a desahogarse en llanto con su hermana mayor, quien le pidió a su esposo, que era muy amigo de papá, que lo invitara a cenar en casa. Ahí se encontró de nuevo con mi madre y comenzaron a hablar de cualquier cosa mientras comían. Después de la cena, mi viejo, nada tonto, para seguir charlando a solas con ella, se jugó su orgullo ofreciéndose a llevarla a su casa. Esa sería su gran noche de suerte, se ganó el premio mayor: el sí de mamá para el matrimonio.

Mis hermanas adoptivas, en una conversación con mamá en que ella contaba los detalles de su romance con mi viejo, le preguntaron, curiosas, qué cualidades había visto en él para aceptar su propuesta de casorio. Mamá confesó con picardía que él era el mejorcito entre sus pretendientes.

—Miren, patojas, todos mis enamorados eran desobligados, tenían gusto por el guaro y el tabaco, por eso ninguno me convencía; en cambio, Roberto trabajaba de perito contador, llevaba la contabilidad de una empresa. También sobresalía por ser un caballero, llegaba puntual a nuestras citas. De soltero no dio señal de que le gustaran los tragos, tampoco prendió un cigarro delante de mí ni vi que anduviera de picaflor. Sí me quería, de otra manera no hubiera ido a buscarme al convento. En fin, me enamoré —admite sellando su respuesta con un suspiro que le roba una carcajada a mis hermanas adoptivas.

—Pero doña Vera, usted todavía trae a don Roberto de un ala —le aseguran entretenidas con la historia de amor—. La vez que vino él solo a visitar a su hija Laura, lo primero que preguntó fue adónde podía encontrar el perfume favorito con aroma de rosas para usted. No se quedó tranquilo hasta conseguirlo.

Mamá se sonroja como si fuera una quinceañera que escucha por primera vez que la pretende un muchacho. Yo la observo admirada desde el otro extremo del sillón, donde descubro detrás de una madre invencible a la mujer vulnerable.

Pero el matrimonio de mis padres tuvo sus altibajos, como cualquier otro. Su amor pasaría por pruebas de fuego. La luna de miel comenzó a desvanecerse con un grito de saludo que diera al mundo su primer recién nacido, Roberto. Era costumbre nombrar al primer varón con el mismo nombre del padre; a veces nos referíamos a él usando una simple abreviación: Robert. Cuando dejaron entrar a mi viejo a ver a mamá, ella juraba: «Ay, Roberto, ¡si vieras qué hermoso es nuestro niño!, ¡en mi vida he visto otro bebé tan lindo!». Papá se ilusionó mucho, no podía esperar el momento de cargarlo entre sus brazos. «Pero cuando miré aquel niño con el rostro arrugado, no entendí de qué belleza hablaba su mamá —cuenta mi viejo un día que le dio por recordar—. Traté de no mostrar cara de susto porque Vera estaba muy sensible. Claro que me alegró cargar a mi primer hijo varón, pero no lo imaginé lleno de arrugas —repitió largando una risotada—. No cabe duda —siguió diciendo—, las madres son unas santas, ven la perfección en sus hijos imperfectos desde que nacen».

Luego llegaría una niña tras otra, Claudia, Cecilia y yo, y por último, otro varón, René. Mi hermano más pequeño y yo fuimos regalos adicionales del universo, no concedidos con facilidad. Yo casi muero al nacer. Y para darle a mi hermano la vida, mamá casi pierde la suya en el instante del parto. El médico le advirtió que su cuerpo no sobreviviría el sobresalto de dar a luz a otra criatura. El susto motivó a mamá a operarse, era obvio que los esfuerzos de planificación familiar no le funcionaban. Además, cinco hijos seríamos suficientes maestros para darle a ella y a papá fuertes dolores de cabeza por cosas que no entenderían o no sabrían cómo manejar. También tendrían que aprender a convivir entre ellos dos y las sombras que irían vislumbrando el uno del otro. La montaña rusa de la vida que eligieron caminar juntos apenas estaba comenzando.

15. Con mano dura

El carácter sobresaltado de papá daba la impresión de sentirse perseguido por los fantasmas del pasado. Nos pasa a cualquiera cuando intentamos medicar con el olvido las heridas que otros nos hicieron en la niñez. Mi viejo reconoció en el crepúsculo de su vida que llevaba heridas tejidas muy dentro. Eran producto de la violencia que padeció en manos de mi abuelo, a quien mi tatarabuelo crio de la misma manera. En gran parte, sus generaciones fueron influenciadas por la religión que les inculcaron y las tradiciones del pueblo donde crecieron. En la Biblia, en el hogar y en la calle enseñaban que los hijos se enderezan con vara de hierro.

Papá contaba que cuando él era niño una vez escondió los zapatos de sus hermanos más grandes como represalia por un escarnio que le hicieron. Cuando lo descubrieron, intentaron darle una paliza para castigarlo, pero mi viejo salió disparado de la casa y se quedó toda la tarde en la finca. No retornó hasta pasada la media noche. Confiaba en que sus hermanos estarían dormidos y a la mañana siguiente habrían olvidado lo sucedido o ya no estarían enojados. No imaginó que delegarían la tarea del castigo al abuelo, cuya lúcida memoria carecía de compasión. Él aguardó a papá en la sala hasta la madrugada. Ni bien lo vio cruzar la puerta, sin escuchar su versión de los hechos, le sonó los dientes con el puño.

La violencia intrafamiliar era muy común. Cada vez que la abuela encontraba a mi viejo y sus hermanos discutiendo acalorados, en lugar de apaciguarlos, les pedía que se quitaran la camisa para que no arrancaran los botones a puro jalón. Para ella era más importante evitarse el trabajo de remendar la ropa que impedir que sus hijos se sacaran sangre a golpes. Igual no les perdonaba el dolor de cabeza causado por tanta riña. Le daba la queja al abuelo para que este le propiciara a cada varón su dosis de azotes, convencido de que tan solo cumplía con la difícil tarea de disciplinar a sus retoños.

Mi viejo repitió el patrón de corregir a sus hijos con mano dura en los primeros años de su paternidad. Mamá lo hizo también en varias ocasiones, pero jamás con un furor semejante al de mi padre. Ambos creyeron que hacían lo correcto porque en ese tiempo así se educaba a los hijos en muchas familias como la mía. Si mis hermanos y yo contestábamos de mala manera o soltábamos alguna palabra vulgar, nos dejaban sentir el peso de su mano en la boca. Nos pegaban en las piernas con un cinto morado de goma o con uno de hebilla si nos portábamos mal, o si tiznábamos de rojo algún curso en la boleta de calificaciones.

El que más padeció el castigo físico, sobre todo de papá, fue Robert. Si reprobaba una clase o si salía a la calle sin permiso, papá lo zurraba. Una vez que ya Robert era adolescente, papá llevó su castigo a tal extremo que mi hermano se metía abajo del escritorio suplicándole a llantos que no lo pateara más. Con Cecilia y Claudia llorábamos de impotencia mientras las súplicas de mamá trataban de menguar la ira de mi viejo. En otra ocasión que Robert quebró un reloj de mano que era carísimo y que mis padres le habían comprado en un viaje familiar que hicimos a México, papá lo reprendió a gritos. Mi hermano entonces protestó como siempre lo hacía, y papá, enfurecido, le aventó una grabadora que sostenía en la mano. Si mi hermano no sale corriendo, el aparato electrónico se estrella contra su cuerpo.

Papá admitió en su vejez que no conocía otra forma de lidiar con la rebeldía de su primer hijo varón. Para colmo, Robert había heredado su carácter veleidoso, que se incendiaba con el más delicado roce de ideas entre ellos. Se colmaban la paciencia de forma mutua. No podían sostener una conversación sin contradecirse, sin escalar a discusiones que nos amargaban el momento a todos. Ellos no se percataban de cómo nos afectaban sus reacciones; ambos, cuando andaban de buenas, eran muy buenos, pero de malas, uno los prefería lejos.

16. Se le metió el diablo

A penas mi hermano mayor salía de casa, todos en mi familia dábamos gracias a Dios. Robert era muy impulsivo cuando se molestaba, lo cual sucedía a menudo y nos angustiaba muchísimo. Quizá aprendió de papá a reaccionar de esa manera, o de sus amigos, a quienes mamá llamaba «malas influencias». Cada vez parecía más hiperactivo y desobediente, aunque no siempre fue así. Recuerdo que cuando yo tenía ocho años y Robert a veces andaba tranquilo, mirábamos juntos la tele algunas tardes. También le gustaba jugar conmigo y mis primos cuando viajábamos en familia rumbo a la costa y nos bañábamos en algún río. Robert me enseñó a perderle el miedo al agua. «Mientras menos presión pongas, más flota tu cuerpo, ese es el truco para nadar», me decía. Me dejé ir hacia dentro sin pelear con mi instinto hasta que logré flotar en medio de la corriente. Pero Robert llegó a esa edad en la que uno no es niño ni es adulto ni sabe quién es; un alma que se cree perdida y, en su búsqueda desesperada, sin querer, a veces lastima a quienes más ama.

Comenzó a inspirarnos miedo y nos esforzábamos por evadirlo, algo de lo que él no se percataba ni hacía intencionalmente, según me explica ahora de adulto. Creo que Cecilia fue la más afectada, por ser de corazón bueno y ferviente, pero de genio sensible y fusil corto si alguien la fastidiaba. Su debilidad era que aun cuando se defendía insultando a su agresor, casi siempre terminaba llorando y disculpaba las agresiones. Quizá por eso, o por alguna otra razón que nunca entendí, Robert la hostigaba más a ella que a los otros. Cuando Cecilia aún era niña, en un intento de alejarse de su presencia, les pedía a mis viejos que en las vacaciones escolares la mandaran a quedarse con la abuela materna Bernarda, una mujer sabia y discreta. Con ella se sentía tranquila, protegida, y recibía el cariño y la atención que le hacía falta en casa, donde el mundo giraba alrededor de las travesuras de Robert.

Durante el año escolar Cecilia corría distinta suerte porque tenía que estar en casa y mi hermano no la dejaba en paz. Una tarde se hartó de él y lo insultó por andar de impertinente. Robert le contestó otras groserías más grandes y ella lo dejó hablando solo. Entonces, él la agarró del brazo derecho apretándolo como si exprimiera una naranja. Mamá intervino para que la soltara, pero a Cecilia le quedaron marcados lo dedos de Robert en su piel tan blanca y delicada que con facilidad se le hacían morados. Otro día Cecilia le reclamó por qué él se ponía algunas de sus prendas de vestir. Acostumbrábamos a heredarnos la ropa entre hermanos para alargarle la vida a las cosas, aunque Robert volvía a ponerse los pantalones de lona que ya le había heredado a Cecilia. Se llevaban cuatro años de diferencia, pero él prefería andar con las piernas apretadas antes que ponerse algunos pantalones nuevos de cuadros y colores que le regalaba mamá.

«Con razón decía tu mamá que tu hermano de chiquito fue tremendo y que ella le pedía mucho a Dios y a la Virgen para que cambiara», interrumpen mis hermanas adoptivas. Les cuento que era peor si los papeles se invertían y otro agarraba las pertenencias de Robert sin pedírselas. Una vez que mamá se bebió una gaseosa que él había guardado en la refrigeradora, mi hermano fue a buscar a mi cuarto una alcancía con forma de vaquilla

que mi padrino de bautizo me regaló para un cumpleaños. La quebró en pedazos para vaciarle la panza llena
de monedas. Así se cobró la bebida y se sintió con derecho de quedarse con el cambio. Compró un montón de
chucherías y golosinas que llevó a la sala para disfrutár-
selas frente a mí y mis hermanas sin ninguna pena. Otro
día perdió los estribos porque no encontraba una pluma
fina que mamá le había comprado para el colegio. Se
empecinó en que mis hermanas la habían agarrado sin
permiso y trató de arremeter contra ellas.

—¿Dónde están esas cabronas? —preguntó con
voz recia.

—Ya se durmieron, mijo, no las despierte. Busque
bien, por ahí ha de estar su pluma —le contestó mamá.
Él se hizo el sordo y fue a la cocina a llenar un balde con
agua.

—No te metas, mijita —ordenó mamá al verme cerca del baño observando el alboroto. Mis hermanas des-
pertaron asustadas con los gritos, sin entender qué sucedía ni por qué mamá cerró apresurada la puerta de la
habitación, quedándose parada como guardián del otro
lado.

—Se te metió el diablo, mijo —le dijo mi madrecita
a Robert, angustiada al verlo acercarse con el balde de
agua.

—¡Quítese o la baño a usted también! —la amenazó
furioso.

—Hijo ingrato. ¿Qué necesidad tienes de ponerte
así? —replicó mamá sin moverse.

—Para qué tocan mis cosas —gritó él encendido de
coraje, con el rostro colorado, sus ojos crecidos y las venas del cuello atravesándole la piel.

Lo vi tan enojado que temí que fuera a golpear a mis
hermanas. Por las dudas, me preparé a salir corriendo
de la casa para pedirle auxilio a los vecinos. Al final no

fue necesario porque él, frustrado con la intervención de mamá, desahogó su cólera arrojando el agua contra la pared y regresó a la sala a reventar contra el suelo algunos adornos. Más tarde recordó que él mismo había escondido la pluma en la parte alta de la librera, en la sala de estudio, para que nadie la tocara. No pidió disculpas por el pánico que nos causó a todos, pero nosotros nos conformamos con volver a respirar más tranquilos.

17. Las dos caras de Robert

«¡Cobarde! ¿Por qué no te enfrentas a otros de tu tamaño si eres tan hombre?», le gritaba yo a todo pulmón. Insultaba a Robert hasta agotar mi repertorio de agravios, muchos de los cuales aprendí escuchándolo a él. Mis hermanas cuentan que mamá se afligía al verme retarlo. El día que me tocó la cara le aventé un vaso con leche, y en otra ocasión le dejé ir con fuerza unas tijeras. Por suerte, no le saqué un ojo y sí gané su respeto, o quizá dejó de fastidiarme porque, pese a su locura, le quedaba algo de prudencia. Me llevaba seis años, sabía que podía descargarme un mal golpe y dejarme medio sonsa.

A veces pienso que en mí se veía a sí mismo. Cuando estaba de buen humor aseguraba que yo llegaría muy lejos porque era igual de inteligente que él. Eso lo decía porque en quinto de primaria la maestra me eligió para cargar la bandera en el desfile de la Independencia. En realidad, ella lo hizo para levantarme la autoestima; a mí todavía me pesaba el complejo de tonta que dejaron las orejas de burro que me puso sobre la cabeza la profesora de párvulos. Cargar la bandera me motivó a esforzarme para sacar buenas notas. Nunca llegué a ser como Robert, que con una leída que le daba a la tarea pasaba los exámenes, pero aprendí que con esfuerzo podía competir con las mejores alumnas de la clase. Mi hermano se sentía orgulloso de mí cada vez que yo destacaba. También le sorprendía que me atreviera a enfrentarlo contestándole cosas que no eran propias de una niña de mi edad; hasta recalcaba que me quería mucho porque éramos parecidos de carácter: él no se dejaba mandar por nadie, yo no me dejaba mandar por él.

Robert se transformaba en alguien desconocido cuando andaba de mal humor. Incluso amigas de mamá, a quienes ella les cortaba el pelo en el saloncito de belleza que instaló en un cuarto de la casa, fueron testigo de los impulsos temperamentales de Robert. Una de ellas, que tenía tres hijos varones, se quedó pasmada al escuchar cómo mi hermano descargó en mamá una ráfaga de reclamos y palabras ofensivas. Sus hijos a ella no le hablaban así. Le dio tanta pena a la pobre señora que se ofreció a platicar con Robert para hacerlo entender que esa no era forma de tratar a una madre.

—Si viera lo malcriado que es mi hijo. No vaya a ser grosero también con usted, mejor no le diga nada —le pidió mamá.

—De ninguna manera, Vera —le contestó doña Hilda—. Yo voy a hablarle a su hijo en nombre de Dios para que cambie. Venga. Oremos. Vamos a cubrirnos con la sangre de Cristo. Que el Espíritu Santo ilumine mis palabras y toque el corazón de Robert.

La noble señora de verdad creyó que había sucedido un milagro, porque mi hermano cambió su actitud por un rato. Parecía un muchachito bueno, incapaz de aplastar una hormiga. Se sentó muy tranquilo a escucharla. Sonreía y contestaba de forma locuaz, igual que lo hacía con la psicóloga, donde lo mandaban mis viejos para averiguar qué provocaba sus destellos y relámpagos temperamentales. Mis padres no consideraron la posibilidad de que una terapia familiar pudiera ser más efectiva; no querían admitir que en realidad todos necesitábamos algún nivel de ayuda. Ellos asumían que el problema era Robert y solo lo mandaban a él. Mi hermano aprendió con inteligencia a manipular la situación y a controlar sus impulsos cuando le convenía; sabía en qué momento y con quién portarse bien y con quién no. Notábamos esa transformación en presencia de familiares y amigos. Cuando estaba solo con mis papás o mis hermanas y mi hermano René, el cambio le demoraba lo mismo que tarda el agua en brotar del chorro cuando uno lo abre; parecía que a Robert le salía una cola larga y dos cachos puntiagudos sobre la cabeza.

De muchos arrebatos de mi hermano supo papá en el momento, de otros se enteraba meses después porque mamá nos prohibía que le diéramos la queja. Pero yo la desobedecía cuando mi hermano me arruinaba la tarde con sus abusos. A ella le preocupaba que mi padre un día lo echara de la casa a puntapiés. Más de una vez lo amenazó con hacerlo si no se portaba mejor y aprendía a respetarnos. Quizá mi hermano no necesitaba gritos ni amenazas de castigos ni golpes, sino atención; que le hablaran en forma constructiva, paciente, y que fueran algo cariñosos con él. Pero mi viejo no sabía qué hacer con Robert, y en su intento desesperado de hacerlo reflexionar lo inscribió en una escuela militar. Ahí aplicaban disciplina severa a los jóvenes, que, lejos de amansar el carácter indómito de Robert, quizá contribuyó a violentarlo más. Él se escapaba del lugar. Cuando íbamos a visitarlo el fin de semana casi nunca nos dejaban verlo porque lo tenían castigado. Y al poco tiempo lo expulsaron de la institución.

Debo admitir que mi hermano Robert también tuvo sus ratos de lucidez. Cuando andaba de buenas se mostraba compasivo y cariñoso, como la tarde que me ensarté un clavo en la cara. Yo entrenaba salto largo con mis hermanas y una prima que fue a pasar unos días con nosotros. Ellas se cansaron de sostener el lazo para que yo saltara y se fueron a jugar a cualquier otra cosa. Entonces se me ocurrió atar un extremo del lazo a uno de los balcones de la ventana de la sala; el otro extremo lo até a la punta de un palo que medio enterré en el suelo como mi imaginación me dio licencia. En la prisa de amarrar el lazo no me di cuenta de que el palo tenía un clavo grande y sarroso. Intenté saltar, pero mi pierna derecha se atoró en el lazo y el palo se vino con fuerza contra mi rostro. Cuando vi que mis manos se tiñeron de rojo salí corriendo despavorida, gritando: «¡Auxilio! ¡Ayúdenme! ¡Me saqué un ojo! ¡Auxilio!». En ese instante, Robert salió apurado al patio a ver qué pasaba. Me abrazó. Me llevó al sofá para recostarme y fue a la cocina a sacar de la nevera un pedazo de carne congelada para ponerla sobre mi herida.

Yo no podía abrir mi ojo; solo sentía que Robert acariciaba mi cabeza mientras aseguraba: «Vas a estar bien vos, chaparra». (Solamente él y papá me llamaban chaparra de cariño). El doctor, que cerró el agujero cosiéndome seis puntadas, aseguró que era muy afortunada. Por un centímetro el bendito clavo no me dejó tuerta. Gracias a mi hermano y a mamá, que me llevaron rápido al hospital, no perdí mucha sangre ni se infectó la herida. De ese incidente todavía llevo la cicatriz a un costado del ojo derecho, que me recuerda cada día el lado noble de Robert.

18. Rezando por su alma

Mi madre temía que Robert se atreviera a levantar-le la mano a papá. Para evitar esa posible trage-dia, cuando Robert ya era un joven, cada vez que hacía otra de las suyas, en lugar de confrontarlo con mi viejo, mamá buscaba refugio en la iglesia y sus santos. Si ano-checía y mi hermano no llegaba a casa o si padecíamos otra de sus catarsis, ella encendía una vela para pedir por el alma de su hijo frente a un altar que edificó en ho-nor a la Virgen de Fátima al lado de las gradas. Cuando Robert se tranquilizaba, mamá no lo reñía; daba gracias a Dios porque, según ella, el Todopoderoso había escu-chado sus ruegos. Sin darse cuenta, solapaba sus arran-ques, que, con el tiempo, se hicieron más frecuentes.

Para no lidiar con el ímpetu de Robert todos evitába-mos de cualquier manera posible tener conflictos con él. Mis hermanas se encerraban en el cuarto para no verlo. René y yo lo dejábamos cambiar el canal de la televisión, aunque quisiéramos ver otro programa. Si Robert decía idioteces, nadie lo contrariaba. Si quería cenar primero o tragarse la merienda completa, nadie se oponía. No-tamos que si uno le daba por su lado él se calmaba, por lo que comenzamos a hacer lo mismo que hacía mamá: seguirle la corriente y suplicarle a Dios que hiciera el milagro de cambiarlo para bien.

Cecilia rezaba mucho por él. Aprendió a ser fervien-te gracias a la abuela Bernarda, una mujer muy inteli-gente y de armas tomar, pero que creía que las plegarias nunca estaban de más. Cuando Cecilia se iba con ella en las vacaciones, madrugaban todos los días para rezar en la iglesia. Por la tarde se hincaban en casa y rezaban largas horas hasta por el alma de las personas que no conocían. A Robert y a mí también nos mandaron con la abuela más de una vez, pero un día ella le dijo a mamá que no era buena idea enviarnos de nuevo. Creo que ambos le quitábamos la paz. Robert se le escapó por el tejado, dejándole el corazón colgando de un hilo por la angustia de no saber a dónde había huido su nieto. En otra temporada me mandaron a mí, y casi me reviento el rostro contra una piedra por querer ganarle un cohete a un primo que llegó a jugar conmigo. Cecilia, en cambio, se hizo sumisa. A diferencia de la abuela, que era una mujer de acción, Cecilia asumió que todo se resolvía con rezos. Se volvió más retraída y a diario le suplicaba a la Virgen que tuviera compasión de nuestra familia y ayudara a Robert a controlar su mal carácter.

Así sobrellevamos por años, entre las paredes mudas de nuestra casa, una situación que no entendíamos ni sabíamos cómo controlar. A mamá se le ocurrió acudir al padre Antonio. Le pidió que fuera a la casa para realizar una limpia, especialmente en la habitación de Robert, donde rezamos largas horas aprovechando su ausencia.

—Todas las noches le pido a Dios por este patojo, Padre, pero siento que cada día se descarría más —le confesó mi madre desconsolada.

—No desesperes, hija, los tiempos de nuestro Señor son perfectos —aseguraba el padre—. Ruégale a la Virgen María que interceda ante Jesucristo.

Comenzamos rezando en voz alta un padre nuestro y seguimos con diez avemarías. Le dimos vuelta al rosario cinco veces mientras el padre rociaba agua bendita sobre la cama de Robert. Aseguraba que satanás saldría de su corazón y la paz entraría a nuestro hogar. Ese día

me quedó la idea de que el diablo estaba dentro de mi
hermano. Esto me angustiaba porque yo lo quería mucho, deseaba ayudarlo, pero también me daba miedo.
Por tristeza, la paz no llegó hasta que Robert cumplió
la mayoría de edad y se marchó de la casa. Un año más
tarde también se fue del país.

«Ese tu hermano era cosa seria», aseguran mis hermanas adoptivas, asombradas con mi relato. Les confieso que Robert no fue el único por cuya alma tuvo que
rezar mi madre. Mi hermano René y yo también le cau-
samos angustias. Un sábado forcejamos porque queríamos ver distintos programas de televisión. René había
desarrollado la fuerza de un adolescente; lo sentí cuando me plasmó en el ojo izquierdo un recuerdo morado.
Por fortuna, papá intervino antes de que me propinara
otro golpe; aunque la paliza que le dio a René de castigo
lastimó también mi corazón. No volvimos a enfrentar-
nos con violencia. Quizá René solo quiso desquitarse
por las veces que lo vencí jugando a cualquier tontería cuando éramos más pequeños. La gente mayor nos
comparaba y se burlaba del pobre René. Nadie concebía
que fuera menos ágil y menos fuerte que una niña, pese
a mi ventaja de casi tres años de diferencia. Confío en
que esos prejuicios absurdos de los adultos no lo hayan
traumado. Ahora es un hombre atlético y físicamente sa-
ludable, en eso todos podemos aprender de él.

Lo que sí les quitaba el sueño a mis padres era su
carácter impredecible y que tomara en exceso en la veintena. Yo vivía ya en Estados Unidos; me enteraba de incidentes lamentables porque, irónicamente, la distancia
me acercó a mis viejos. Se desahogaban conmigo por teléfono el fin de semana y me pedían que tuviera el alma
de René presente en mis oraciones. Sobre todo, la vez
que se accidentó por conducir ebrio. Tuve que enviar-
les tres mil dólares a mis viejos porque ellos terminaron

cubriendo los gastos del hospital de mi hermano y los
daños causados a terceros. Por fortuna, se llegó el día en
que mi hermano logró dejar el licor.

Lo que seguía angustiando a mis padres era su carácter. Cuando se disgustaba con alguien decía alguna
grosería y se marchaba, dejando a todos con el avemaría
en la boca. Se distanciaba por días haciéndose el ofen-
dido y de repente reflexionaba y reaparecía. Algunas
veces pedía disculpas y otras regresaba muy campante
como si nada hubiera pasado. En alguna de mis visitas
a Guatemala yo misma lo vi reaccionar de esa manera
con mamá y hasta conmigo. Me parece que con el tiempo ha ido cambiando; hasta ha demostrado su corazón
noble, como cuando donó sangre para salvarle la vida a
un sobrino. No creo que sea impetuoso con su segunda
esposa y sus hijos, pero eso solo ellos, que conviven con
él bajo el mismo techo, lo saben. Yo espero no equivocar-
me, porque las palabras y acciones encendidas de cólera
llevan la fuerza de un rayo. En cuestión de segundos
pueden quemar los lazos de cariño más preciados.

19. Así era mi viejo

Mi viejo se esforzaba por ser mejor padre con nosotros de lo que el abuelo había sido con él. Trabajaba durante el día y se las ingeniaba para compartir
tiempo con nosotros. A sus hijas nos llevaba en el auto
al colegio, que quedaba camino a su oficina. El colegio
de mis hermanos estaba más lejos, así que les pagaba un
bus para que los recogiera por la mañana.

Papá siempre destacó por ser puntual, por lo que debíamos madrugar. Desayunábamos un plato de huevos
con frijoles preparados a la carrera por mi madre; aún el
día de hoy siento el aroma de ese sencillo desayuno. He
probado manjares en casi todos los estados de Nortea-
mérica, en algunos países asiáticos y otros europeos que
he visitado, pero ninguno ha podido igualar el sabor
familiar de dos huevos estrellados con la yema aguada
o revueltos con frijol. Quizá ese humilde desayuno me
recuerda la riqueza que tuve en el amor abnegado de mi
madre. Tan pronto terminábamos de comer, corríamos
a lavarnos los dientes porque papá tocaba la bocina y si
no nos apurábamos, se iba sin nosotras. Éramos las primeras estudiantes en llegar a clases. Nuestra casa quedaba cerca del trabajo de mi viejo. Él se daba el gusto
de volver a la hora del almuerzo para comer lo que cocinaba mamá y tomaba una pequeña siesta para juntar
fuerza de terminar la segunda parte del día.

Cuando él regresaba por la noche, muchas veces ya
era tarde, porque era un apasionado de la política y después del trabajo asistía a reuniones relacionadas con las

benditas campañas. A menudo salía decepcionado de ellas porque se tomaba a pecho la deshonestidad de algunos políticos, que solo buscaban su propio beneficio. Contaba que le daba asco ver tanta corrupción. Mamá le repetía que él carecía de madera para ser político, que dejara de perder su tiempo y su dinero, que se dedicara a otra cosa que no pusiera en peligro su vida ni la de sus hijos. Mi viejo se frustraba porque ella no compartía sus intereses políticos, pero no sabía cómo manejar esa frustración que le carcomía por debajo de la piel. Ambos comenzaban hablando de sus desavenencias políticas y terminaban defendiéndose de mutuos ataques donde más le doliera al otro. Papá, al ver que no ganaba con sus argumentos, pegaba un grito y desaparecía por largas horas. Se iba a jugar al billar con los amigos para dormir las penas y frustraciones bebiendo cerveza juntos.

Otras veces que mi viejo llegaba temprano a casa, así se sintiera abatido convivía con nosotros unos momentos. A René y a mí nos cargaba sobre su espalda cuando éramos chicos, como una forma de darnos afecto. Después cenaba algo, aunque yo le amargaba seguido la cena con quejas de alguna travesura nueva de Robert. Casi siempre me sentí protegida por papá, excepto las veces en que yo lo hice enojar. En más de una ocasión me corrigió con el cincho por mis malcriadezas o me calló de un grito por contestarle de mala manera a mamá. El día que más lo ofendí yo tenía trece años. «Respétame, porque yo te respeto», lo desafié en un altercado que tuvimos. Fue suficiente motivo para que me cruzara la cara. «¡Ah, qué bonita, pues, ya estás aprendiendo de tus hermanos!», me dijo indignado, advirtiéndome que a la próxima me sacaría los dientes. Nunca creí que llegara a ese extremo, pero igual no valía la pena arriesgarme. Me quedó claro que no era buena idea contradecirlo ni responder con alguna insolencia.

Tampoco era sabio colmarle la paciencia a papá ni desafiar su obsesión de ser perfeccionista. Si le pedíamos ayuda con algún ejercicio de matemáticas, exigía que uno fuera ordenado y nítido para escribir los números. Se enfurecía si veía tachones en el papel. «¡Vuélvalo a hacer en una hoja limpia y lo trae para revisarlo!», me ordenaba. Había que obedecerlo sin parpadear antes que lo mandara a uno por el drenaje. No explicaba las cosas dos veces, lo vimos darle coscorrones en la cabeza a Cecilia cuando ella no entendía la explicación a la primera. Para evitar correr la misma suerte, yo le decía con mucha certeza que sí había entendido, aunque en ocasiones los números se me extraviaran en un enorme laberinto mental.

Yo hacía cualquier cosa por acercarme a mi viejo, sobre todo cuando él andaba de buen genio. A diferencia de Robert, que intentaba ganar su atención portándose mal, a mí me daba por ganarme su admiración destacando en actividades del colegio. A mi viejo lo enorgullecía saber que sus hijos pertenecieran a un equipo deportivo, siempre y cuando no le saliéramos con la idea de dejar la escuela para convertirnos en jugadores profesionales, porque para él eso no era una carrera que diera de comer. A René y a mí nos iba a ver jugar en las kermeses y eventos especiales que los colegios planeaban durante el año escolar para recaudar fondos. Le dimos varias satisfacciones jugando al balompié o al básquetbol. Le encantaba hacernos porras para que jugáramos bien, como si de eso dependiera su honor y el de toda la familia.

Los sábados en la mañana salíamos los dos solitos a caminar por un bulevar y conversábamos muy a gusto. Me contaba anécdotas de su niñez: las veces que se peleó con sus hermanos y tuvo que soportar la mano dura del abuelo cuando este lo corregía con violencia o que cuando nació su mamá no lo amamantó porque estaba enferma y tuvo que delegarle la tarea a una nana que justo acababa de dar a luz. Esto lo contaba con un tono medio pesado y triste. Creo que papá a veces no se sentía querido ni aceptado por mis abuelos de la misma manera que sentía que lo eran sus hermanos. Yo podía entenderlo porque muchas veces escuché a mi propia abuela decirnos que papá era tonto. En una de tantas, mamá la paró en seco, exigiéndole: «Doña Isabel, no vuelva a expresarse de Roberto de esa manera delante de mis hijos. Yo no me casé con ningún tonto ni mis hijos tienen a un tonto por padre. No nos falte al respeto». A pesar de cómo era la abuela de dura con papá, él fue muy noble con ella y con mi abuelo. Nunca dejó de mandarles una mensualidad para sus gastos, aun cuando ya él y mamá tenían cinco hijos que mantener.

Papá también podía ser muy divertido. Leíamos juntos los chistes de Lalo y Lola en el periódico Prensa Libre. Otras veces nos ponía a declamar con mi hermana Claudia. La primera poesía que nos enseñó fue de un poeta desconocido, que decía: «Por aquí pasó una pava, chiquitita y voladora. En su pico lleva flores y en sus alas mis amores». Nos animaba a que leyéramos la poesía de Pablo Neruda, sor Juana Inés de la Cruz y José Martí, entre otros.

Mi viejo amaba tanto los libros que en la sala de estudio tenía una librera llena de enciclopedias que llegaba hasta el techo. La colección Mi Libro Encantado era mi favorita. Él prefería quedarse leyendo en casa a salir de paseo en sus días de descanso; pero mamá le insistía hasta el cansancio: «El domingo es para dedicárselo a sus hijos, señor, para eso los trajo al mundo». Él refunfuñaba como si fuera un niño malcriado y decía: «Cómo jode esa su mamá», pero terminaba cediendo y dejaba los libros por un lado para salir en familia. Si no viajábamos a un pueblo cercano, comíamos tostadas con frijol y queso o tomábamos un atol de elote en cualquier esquina de las afueras de una iglesia.

Acercarse a sus hijos fue ablandando el corazón de mi viejo. Es lamentable que para entonces mi herma-no mayor ya se había marchado de la casa y no pudo disfrutar de su cambio. Con los años, papá aprendió a dialogar con nosotros, nos explicaba por qué espera-ba que hiciéramos las cosas de cierta manera, algo que mi abuelo jamás hizo con él. En la época del abuelo los padres corregían sin dar cuentas de nada. Los hijos no protestaban; si se atrevían a hacerlo, les sonaban la boca si ningún miramiento. Cuando estudié Psicología en la adultez pude comprender mejor a mi viejo y a mamá, y esos hilos mentales de enseñanzas pasadas que los motivaron a enmendarnos con mano dura. No es fácil desaprender patrones de crianza arraigados en nuestra esencia para formar otros nuevos y mejores al andar. Mis viejos se esforzaron al máximo.

Papá tuvo que aprender a perdonar el pasado, igual que a mamá en su momento le tocaría hacer con el suyo, y espero que hayamos logrado hacer lo mismo con el nuestro sus cinco hijos. Conservo la esperanza de que cada uno de nosotros fuimos sanando las heridas que la violencia intrafamiliar, tanto física como verbal, perfo-ró nuestro espíritu; que fuimos capaces de apreciar los aciertos y la luz del amor en cada uno por encima de nuestras fallas humanas. Llega un momento en que no podemos seguir enojados con el ayer ni culpar a otros por nuestras amarguras. Si lo hacemos, estaríamos sabo-teándonos a nosotros mismos la ocasión de hallar sosie-go para alcanzar la plenitud de nuestra vida.

20. Los hombres de mi familia

Papá reconoció sus errores como «las burradas que uno comete de joven y terminan jodiendo a los hijos». Para disgusto de mamá, sí le gustaba fumar y con frecuencia, como si sus pulmones vivieran del humo. A menudo nos daba veinticinco centavos de propina a René y a mí para ir a la tienda a comprarle su cajita de Marlboro. Robert siguió sus pasos siendo apenas un adolescente, pero para no meterse en problemas fumaba a escondidas. Inhalaba con sentimiento y luego lanzaba por la boca bolitas de humo de diferentes tamaños. Verlos fumar despertó mi curiosidad, quería averiguar a qué sabían los benditos cigarros que tanto disfrutaban los hombres de mi familia.

Tuve la ocurrencia de comprar dos cigarros sueltos con la propina de mi viejo. Tan pronto llegué a casa los escondí bajo el colchón de mi cama. Poco a poco les fui agarrando confianza, cada mañana los miraba con menos culpa por la travesura que ideaba. Una tarde que mamá salió a hacer sus mandados aproveché para subir al techo del patio de atrás; llevaba los cigarros y unos cerillos escondidos en la parte interior de mi blusa. Prendí uno y traté de inhalar igual que hacía mi hermano, pero no salieron las bolitas de humo. Sentí que algo caliente me raspó la garganta y comencé a toser y a moquear. Los pulmones se me atoraban en el cuello y mis ojos mojados ardían como si lloraran gotas de limón. Juré que no volvería a probar esa babosada, pero la promesa duró lo mismo que el susto del momento. Varios días después repetí la travesura intentando descubrir cuál era el truco para no tragar humo. Fui comprando más cigarros y prendía uno tras otro. Ya no subía al techo, fumaba en el patio. Cuando mamá sorprendió a su hembra más pequeña en la movida del cigarrillo, no buscó el chicote morado con el que nos pegaba cuando le colmábamos la paciencia, me quitó la maña del cigarro a escobazos. No volví a fumar ni me dio por imitar a papá en otros vicios.

Mi viejo tomaba en exceso de vez en cuando, en especial durante las fiestas de diciembre. Se portaba tranquilo y alegre cuando lo hacía. Nunca se violentó, como otros hombres que le pegan a su mujer. Para él, «un hombre que le levanta la mano a una dama es un cobarde que no tiene perdón de Dios», excepto cuando él tenía que corregir a sus hijas. Tampoco se quedó tirado en la calle ninguna vez, como esos que beben hasta dejar de ser quienes son. Sí puso en peligro nuestras vidas al manejar tomado cuando éramos niños. En ese entonces él no creía que unas copas de licor afectaran su habilidad para conducir. En cada Nochebuena íbamos dos horas y media sobre ruedas para llegar a casa de la abuela Bernarda, en Mazatenango. Yo no me percataba del peligro que corríamos. Lo único fastidioso para mí era la náusea y los mareos que yo padecía por el movimiento del auto sobre las curvas en el camino y otras que papá imaginaba por los efectos del alcohol. Mamá me daba algún antiácido y yo me sentaba en cuclillas todo el viaje con la cabeza recostada sobre el asiento.

Valía la pena el suplicio de los mareos con tal de pasar una noche alegre llena de magia en casa de la abuela. Comíamos tamales de gallina con aceituna verde y ciruelas. Bebíamos ponche de frutas preparado con tanto esmero por mi abuelita. Nos encontrábamos con otros parientes, algunos tíos saludaban con el desagradable aliento a aguardiente. Pero se me olvidaba tan pronto mi vista se perdía en el hermoso pesebre decorado con imágenes de la Santísima Trinidad, los tres reyes magos, las ovejas y una tira larga de manzanillas alrededor. La abuela armaba el nacimiento debajo del árbol de Navidad. Lo cubría de luces, bombillas de colores y angelitos de distintos diseños.

Cada quien se divertía a su manera. A mí me encantaba quemar fuegos artificiales con mis primos de la misma edad; éramos niños traviesos que de forma estúpida arriesgaban el pellejo contra el fuego. Sacábamos la pólvora de los cohetes para hacer bombas y reventarlas con una piedra. Usábamos el dedo pulgar para encender la mecha rozándola contra el fósforo. Teníamos que aventar el cohete en cuestión de segundos para evitar que nos estallara en la mano. En otro lado de la casa, los primos más grandes bailaban música disco, mientras mamá, mis tías y mi madrina de bautizo destapaban los tamales calientitos, envueltos en hojas de plátano. Los hombres adultos se sentían intrépidos hablando de política, del apellido de la familia y otras «cosas de hombres», como decían ellos con una botella de licor en la mano. Así celebrábamos en los pueblos, o por lo menos en mi familia. La medianoche nos sorprendía con las doce campanadas de la iglesia compitiendo con el bullicio de los juegos pirotécnicos, que anunciaban la llegada de la Navidad. Todos parábamos lo que estábamos haciendo para acercarnos a la mesa repleta de uvas, manzanas y nueces. Ahí nos bendecíamos unos a otros con el abrazo fraternal de la paz.

«Ahora entendemos de dónde viene tu espíritu navideño», dicen mis hermanas adoptivas. Les cuento que al día siguiente madrugábamos para ahuyentar el desvelo con el agua salada en algún puerto o con el aire caliente que nos acogía entre los riscos. Yo aventuraba a escalarlos con mi hermano Robert y mis primos favoritos. Todas las mujeres, menos yo, permanecían pendientes de lo que necesitaran los hombres de la familia. Los hombres adultos consumían más cerveza y un caldo de mariscos para doblegar la cruda. No se cansaban de hablar de lo mismo que hablaban siempre hasta que la luz del día comenzaba a esconderse. Entonces, cada familia emprendía el viaje de retorno a su casa. Los que conducían no se iban tan sobrios como creían, de milagro mi familia jamás sufrió ninguna fatalidad con papá al volante. Mis hermanos, en cambio, no tendrían la misma suerte al conducir. Robert en su adolescencia y René un par de veces en su juventud casi se dejan la vida sobre la carretera. Por fortuna, ambos retomaron las riendas de su vida y dejaron el vicio siendo aún jóvenes. Hoy cada uno se apoya en la familia que ha formado y en su fe para no caer en tentación; Robert se hizo mormón y René evangélico.

Supongo que presenciar los efectos del alcohol en el comportamiento de los hombres de mi familia hizo que yo le huyera al trago o puede ser que el mismo alcohol me haya ahuyentado. Una vez, cuando tenía catorce años, llegué a emborracharme en una celebración familiar. Por andar de necia queriendo probar lo que mis primos mayores tomaban, terminé bebiendo un vaso con varios licores mezclados. Lo bebí rápido a pesar de sentir un sabor agridulce, más dulce que agrio. El licor se me subió a la cabeza en un periquete, no podía dar tres pisadas sin tropezar con algo. De repente, comencé a llorar, decía que estaba preocupada por mi hermano Robert, quien ya radicaba en Estados Unidos. Los primos llamaron a mis papás, que conversaban en la sala. No recuerdo qué más pasó esa noche.

En la mañana amanecí en el cuarto de mi hermana Claudia, que me contó que dije un sinfín de tonterías

que alarmó a la parentela. Mis viejos n
semejante atrevimiento. Para ellos me ha
en la nueva oveja negra de la familia, ahor
estaba Robert. Las recriminaciones de mis pa
mi conducta «vergonzosa», como ellos la catalo
fueron más severas que el dolor de cabeza que me ca
la cruda. En esa sociedad dominada por hombres no e
nada del otro mundo que ellos se pasen de tragos, extraño sería que no tomaran; en cambio, una mujer que
se emborracha no tiene justificación. Me hicieron tragar
tanto café amargo que sentí como un fuego quemándo-
me el estómago.

No consumí otra gota de licor hasta después de los
cuarenta años. Fue en un evento social, cuando trabajaba para una compañía alemana de proyección internacional con más de cuarenta mil empleados. A veces
celebrábamos con colegas en actividades de trabajo o
convivios navideños. Algunos ordenaban una copa de
vino o whisky. Al principio me resistí a probar cualquier
clase de licor, pero mi supervisora insistió en introdu-
cirme al mundo del vino para sofisticarme un poco. Y
entendí que las cosas con medida no hacen daño. Ahora,
en reuniones de trabajo, bebo una margarita o una cerveza o media copa de vino, pero no paso de ahí, algo que a
papá le alegraba saber.

Mi viejo había renunciado de la noche a la mañana al aguardiente y al cigarro, luego de sufrir una pancreatitis decidida a entregarlo de una pieza a la calaca.
Todo pasó muy rápido, mi memoria recoge pedazos
sueltos de ese día lleno de júbilo y sobresalto para mi
familia. Celebrábamos alegres mi duodécimo cumpleaños en un club campestre con algunos familiares. Los
hombres conversaban muy amenos tomando cerveza.
Los patojos montábamos en bicicleta o jugábamos a la
pelota. Las esposas asaban carne con cebollitas verdes

lsa de tomate, guacamole y
omal que nutría mi espíritu.
carne asada, me remonto a
mi infancia. Pero aquel día
apá nos asustó con eso de
nado y se quejaba de algu-
nenos de una hora terminó
_os médicos le aconsejaron
...a que llevara a un sacerdote para darle los santos
óleos, eso escuché por la noche que ella murmuraba con
mi hermana mayor en su dormitorio.

—Pobre tu papá. Tenemos que ver lo de la funeraria,
Claudia.

—¿Se lo va a decir a mis hermanos? —preguntó mi
hermana.

—Todavía no. ¡Ave María! ¿De dónde vamos a sacar
dinero para cubrir el hospital? Ya viene fin de mes, hay
que pagar las colegiaturas. ¡Que Dios nos agarre persig-
nados! —decía mamá angustiada.

Por gracia divina papá sorprendió a los médicos con
sus ganas de vivir. Y mamá impresionó a toda la familia. Nos sacó adelante mientras cuidaba de mi viejo para
que se recuperara por completo. ¡Qué suerte tuvo papá!
¡Qué suerte tuvimos todos sus hijos con la mujer que
nos tocó por madre!

21. La audacia de mamá

Mamá decía que si uno anda desocupado y carece de aspiraciones, es fácil pensar tonterías y cometer cualquier locura. Por eso, tan pronto papá comenzó a recuperarse de la pancreatitis, ella le insistía que regresara a la facultad. En momentos, sus palabras parecían semillas lanzadas en tierra árida porque él había abandonado su sueño de licenciarse. Había perdido su empleo y se pasaba el día entero en la casa sin hacer nada y con mal genio. Criticaba a medio mundo y se quejaba de todo.

Él me contaba en su vejez que la vida está llena de ciclos, unos más difíciles que otros, como el de sentirse enfermo y perder su trabajo a sus cuarenta años. Ese fue un golpe emocional muy fuerte para él. Estaba un poco resentido con la vida por su «mala racha» y ya no le interesaba ir a la universidad. Solo le daban fuerzas la responsabilidad de alimentar cinco hijos y el apoyo de mamá, que le repetía a diario: «No puede dejar pasar los años en balde, señor. Mientras el corazón esté latiendo, uno tiene que seguir superándose. Además, es su obligación darles un buen ejemplo a sus hijos. ¿O no quiere que ellos se superen?». Tengo que admitir que ese peso que depositaba la sociedad en el hombre de prosperar sin descanso para proveer a su familia y que aún hoy se da en muchos hogares a menudo resulta despiadado. El hombre que no avanza profesionalmente lo señalan de conformista o de ser un bueno para nada. Por fortuna, en el caso de mi viejo, la porfía de mi madre lo impulsó

a trazarse nuevas metas y a encontrarle un nuevo sentido a su vida.

Mamá ayudó a mi viejo a enfocarse al cien por cien
en su carrera. Seis meses antes de graduarse, él tuvo que
viajar al interior del país para desarrollar su tesis. Durante esa temporada no podría trabajar, así que mamá
se hizo cargo de la manutención del hogar. Juntando los
centavos y estirando el billete resolvía los gastos para
que papá no estuviera pendiente de la casa hasta que
concluyera sus estudios en Administración de Empresas. Mamá solía estar preparada para hacerle frente a
las temporadas de sequía económica en la casa. Quizá
porque creció posterior a los años de la Segunda Guerra
Mundial, aprendió a almacenar víveres en la despensa.
Puede que su conciencia de la realidad también haya
sido en parte producto de las secuelas del terremoto del
año 76, que nos obligó a familias enteras a dormir en la
calle dentro del auto y a comer cualquier cosa por varios
días. Mamá se dio cuenta de que en un abrir y cerrar de
ojos puede cambiarnos la suerte y la vida se nos viene
a pique. Era tan precavida que nunca faltó un plato de
arroz con frijoles sobre la mesa, ni en los momentos donde sí faltó el dinero, que fueron pocos, porque en casos
de emergencia ella encontraba billetes en algún rincón
de su clóset. Ahí los guardaba dentro de un zapato o en
un calcetín, o en la bolsa de algún suéter, o escondidos
debajo de un azulejo en el suelo. También participaba
en un cuchubal con sus amigas. El cuchubal era una ac-
tividad para ahorrar dinero. Todas las participantes con-
tribuían la misma cantidad cada mes y tomaban turno
una vez al año para recibir el total reunido. Si alguien
padecía una necesidad económica podía negociar su
turno con la persona a la que le tocaba recibirlo, eso hizo
mamá en uno de los meses que mi viejo se enfocaba en
su tesis.

No fue la única vez que mamá se las ingenió para meterle el hombro a mi viejo con el dinero, lo hizo desde que se casaron y migraron a la ciudad. Con los ahorros que ella juntó trabajando como secretaria en la Pepsi Cola y una pequeña herencia que le dejó mi abuelo materno, ajustaron para el enganche de su primera casa. Papá se encargó después de abonar las mensualidades con su sueldo. Mamá contaba que la casita era muy pequeña y modesta. Ni siquiera caía agua del chorro, iban a recogerla en cubetas grandes a unas cuadras de ahí. Ese humilde albergue marcó el comienzo de una vida que juntos hicieron prosperar. De recién casada tomó cursos para ser estilista. Después financió un préstamo y mandó a construir un cuarto pequeño en el garaje, donde instaló un salón de corte y tinte de pelo, para trabajar sin desatender a sus hijos, que siempre fuimos su prioridad. A pesar de que mamá conoció a mi viejo siendo perito contador, es decir, llevando el control de los números en una empresa, la que llevó las cuentas de nuestro hogar siempre fue ella. Compraba huevos a precio de mayoreo y los vendía en las tiendas a costo de mercado. Conseguía consumidores para los aguacates y güisquiles que bajábamos de los árboles en el patio de atrás. En dos ocasiones René y yo la ayudamos con la tarea de treparnos a las ramas. También recogíamos otros que caían solos de tan maduros que estaban.

«Esa tu mamá era muy ingeniosa», expresan admiradas mis hermanas adoptivas. Les digo que mi viejita también era conservadora con el dinero. Decía que nadie necesita tanto, que cuando uno posee demasiadas cosas, no las aprecia y terminan rodando en cualquier parte. No nos compraba montones de ropa ni juguetes. Nos daba un obsequio para Navidad y otro para nuestro cumpleaños. Mis hermanas y yo no estrenábamos uni-

forme cada año. Me ilusionaba que al pasar al siguiente
nivel heredaría la falda y el suéter de Cecilia, mismos
que antes habían sido de Claudia. Para el colegio nos
compraba los zapatos de tacón que eran requeridos
como parte del uniforme. Pero los otros zapatos que
usábamos en casa, si nos quedaban pequeños, mamá les
cortaba la parte de enfrente para darle aire a los dedos
del pie y que los zapatos duraran más tiempo. Yo here-
daba los libros que mis dos hermanas mayores habían
leído al cursar grados más altos en el mismo colegio.
Nos prestábamos los crayones y marcadores hasta ter-
minarlos, y forrábamos los cuadernos con papel de periódico o papel de China de colores. Lo único que mamá
nos compraba nuevos eran cuadernos y lapiceros.

Mis hermanas adoptivas entienden ahora por qué
no despilfarro mi salario en tiendas de prestigio ni en
prendas de marca, a menos que sea necesario. Cuando
decidí entrenar para correr mi primera maratón, no podían creer que comprara los tenis apropiados cada tres
meses con el fin de no lastimar mis pies en el pavimento. Un par de tenis me costaron lo que antes usaba para
comprar tres pares que me duraban dos años. Cuando
se me ocurrió hacer de ciclista y manejé mi bicicleta qui-
nientas cuarenta y cinco millas en siete días desde San
Francisco hasta Los Ángeles, tuve que invertir en shorts
especiales con almohadilla para que no me doliera tanto
lo innombrable. Y la bicicleta, que pesaba lo mismo que
una pluma, me costó lo que cuesta un gallinero entero,
pero todo lo hice para no castigar mi cuerpo durante la
travesía. Además, manejar la bicicleta con la intención
de recaudar fondos para servicios dedicados a personas
viviendo con VIH justificaba cualquier esfuerzo; de no
haber sido necesario, yo jamás habría invertido tanto en
un equipo de deporte ni en ninguna otra cosa. Algunos
amigos dicen que la gente que me mira caminando en

shorts y playera por la calle con mi chihuahua en traje-
cito, seguro piensan que me dedico a caminarle el perro a algún adinerado. No exageran, no gasto mucho en
vestuario, excepto para el trabajo, porque es un requisito vestirnos con ropa de negocios para vernos presen-
tables. Aparte de eso, invierto en mi casita vieja, no se
me vaya a venir el techo encima si un día nos sorpren-
de una tormenta como la de El Niño. También le doy
trabajo a otros, para contribuir de alguna manera a la
economía de este país, que me ha adoptado como a una
de sus hijas. Y, en la medida que me sea posible, apoyo
algunas causas y a otras personas a realizar sus sueños
o estudiar una carrera. Así le agradezco a la vida por las
bendiciones que me ha dado. Es curioso que mientras
menos me aferro al dinero y lo administro mejor, más
me sigue la abundancia.

22. De la abundancia a la penuria

Mamá nos dejaba a todos boquiabiertos con su alma natural de comerciante. Persuadió a mi viejo de vender la casa y usó la plusvalía y sus ahorros para juntar el enganche de otra vivienda más grande, que con su ingenio transformó en una fuente de ingresos. Convirtió uno de los cuartos en salón de belleza. Mandó cerrar con una pared de madera la sala de juegos en el segundo nivel para convertirla en otro dormitorio que daría en alquiler. Y luego mandó erigir el primero de tres condominios que construiría en el patio de atrás de la casa. «Así aseguramos nuestra vejez con tu papá, mija —me decía—, y de paso les dejamos algo a ustedes cuando ya no estemos». Era impresionante ver prosperar sus ideas, siempre terminó lo que empezaba y surgía con una nueva empresa.

Mamá invertía las ganancias de sus negocios en viajes a Miami o Los Ángeles, donde, con perspicacia, balanceaba el trabajo con sana diversión. Con mis hermanos nos turnábamos para viajar con ella durante las vacaciones. Compraba mercancía, como ropa y zapatos, en las tiendas de los callejones, una zona en el centro de Los Ángeles donde se consigue ropa buena y barata. Y apartaba algunos días para que fuéramos a Disneylandia a visitar a Blancanieves y al ratón Mickey Mouse. La primera vez que conocí a estos personajes apenas tenía seis años. Recuerdo cuando despegó el avión; yo ni siquiera entendía cómo un pájaro gigante de metal podía mantenerse en el aire por horas y transportarnos de un país a otro, como hacían los autos por carretera. Me dio un poco de miedo ver en lo alto del cielo que las nubes eran las únicas acompañantes afuera del artefacto, pero todo quedó atrás una vez que aterrizamos en el aeropuerto de Miami.

Mamá no necesitó hablar inglés ni conocer a nadie para encontrar su camino en una ciudad desconocida. Le bastó su carisma, su carácter amigable y su sonrisa franca y jovial para encontrar a alguien que tradujera por nosotros o nos diera un aventón si nos perdíamos en cualquier sitio. Una vez que la noche nos sorprendió en una tienda de juguetes lejos del hospedaje, mamá convenció a una mujer cubana para que nos hiciera el favor de llevarnos en su carro. En el camino conversaron tanto que terminaron haciéndose amigas.

Tan pronto regresábamos a Guatemala, mamá ganaba sus centavos vendiendo entre sus familiares y conocidos los artículos que adquiría a descuento en el norte. Con las ganancias costeaba otros proyectos y su próximo viaje. A diferencia de mi viejo, ella aseguraba que uno debía conocer otros países para ampliar la visión de la vida. A sus cincuenta y cinco años realizó su gran sueño, algo que muy pocas mujeres de su generación en Guatemala siquiera se atrevían a soñar: viajó un mes por varias ciudades europeas, sufragando la mayor parte de los gastos con ahorros obtenidos de sus negocios. Con otra porción la ayudó papá, y lo poco que quedó pendiente ella lo pagó en abonos. Decía que valía la pena endeudarse para conocer el mundo porque lo gozado ni la muerte se lo arrebata a uno.

Más adelante convenció a mi viejo de abrir una ferretería, es decir, una tienda de venta de pinturas y herramientas para construcción. Los cuatro hermanos más grandes alternamos para atenderla después de la hora escolar. Yo, por ser la más pequeña de las mujeres, solo fui una temporada para ayudar a mi hermana mayor, aunque hubiese sido mejor que no fuera, porque me pasaba de confiada y me creía cualquier historia de los clientes. Se hacían mis amigos y me sacaban a qué hora llegaba mamá o me convencían de darles rebajas adicionales. Una vez un albañil se aprovechó de esa información para exigir un descuento extra por unos martillos y destornilladores que necesitaba comprar. Cuando mi hermana mayor se negó a hacerle otra rebaja, él agarró las herramientas y se las aventó con fuerza en las manos antes de marcharse. Su reacción nos dejó con la lengua inquieta, creo que le deseamos todos los males, especialmente mi pobre hermana, que terminó con los dedos inflamados.

El negocio estaba ubicado en una mala área. Había mucha delincuencia. En más de una ocasión les quitaron a mis hermanas el dinero de las manos sin que se dieran cuenta. Nunca entendimos muy bien cómo pasó eso; parece que los ladrones pidieron cambio por un billete de cien quetzales y en el intercambio mis hermanas terminaron con menos dinero en la caja. Ellas llamaron a mamá llorando, desconcertadas por lo que había sucedido. Por otro lado, la gente que vivía ahí cerca carecía de recursos, por lo que compraban poco. Esto hizo que la pérdida monetaria aumentara a diario. Peor aún, unos familiares que pidieron fiado no sé cuántos galones de pintura para su nueva casa de dos pisos jamás pagaron. Al final, con tanta pérdida, mis padres se vieron obligados a cerrar la ferretería. Claro que este fallo no quebrantó el espíritu de mamá. Ella era una guerrera inmune al fracaso. Los golpes la fortalecían. las caídas la motivaban a trazarse un nuevo objetivo y cada nueva experiencia alimentaba su sabiduría.

«Con razón tu mamá no concebía que padecieras tanto escollo económico cuando te mudaste a Los Ángeles —comentan mis hermanas adoptivas—. Tus papás trabajaron duro para facilitarte el camino a vos y a tus hermanos», afirman con toda razón. Mamá se angustiaba mucho por mi bienestar, especialmente cuando en una de sus visitas se quedó conmigo en el humilde apartamento de una amiga salvadoreña donde yo vivía. El edificio era viejo, descuidado y hedía a húmedo. Del chorro de la cocina salía agua teñida de sarro, y de la regadera casi ni salía. Por la noche la luz del baño espantaba montones de cucarachas recién salidas del cascarón. En la oscuridad se calentaban a mi lado, que dormía en el suelo, o en cualquier rincón que les regalara un poco de calor. Tuve que prestarle a mamá mi bolsa de dormir para que se acostara un rato y pudiera conciliar el sueño.

—Mija, por favor llévame a una tienda —me suplicó la primera noche.

—Ya casi es la una de la mañana, viejita. ¿Qué necesitas?

—Fíjate que no puedo dormir pensando que un infeliz animal se nos puede meter en las orejas y dejarnos sordas. Vamos a comprar unos tapones para los oídos, ¡por favor!

—Está bien —le contesté con mi estómago revolviéndose solo de pensar que para salir del edificio tendríamos que pasar entre los borrachos malolientes que se juntaban a beber y a fumar en la puerta principal hasta el amanecer. Nos levantamos con sigilo para no despabilarle el sueño a mi amiga y sus familiares.

Al otro día mamá insistió de nuevo en que yo regresara con ella a Guatemala.

—Cada vez que te visito estás comenzando desde abajo. Sin dinero. Pidiendo albergue temporal a otra amiga. Buscando un nuevo empleo o durmiendo en el piso rodeada de insectos. ¡Ay, Dios mío, mija!, no entiendo por qué te empeñas en sufrir. No tienes ninguna necesidad de hacerlo. En Guatemala hiciste una carrera como maestra. Aquí no eres nadie —insistía contrariada.

—Sé que preferirías otro camino para mí, viejita, pero si regreso a Guatemala, me convertiré en una hipócrita que motiva a otros a enfrentarlo todo para lograr sus anhelos, mientras yo me quedo con el consejo —le contesté—. Entiendo que el camino está lleno de altibajos, jamás esperé que fuera de otra manera. Sé que no tengo garantía de éxito, nadie la tiene; pero al menos soy dueña de mi lucha. No me pidas que huya a refugiarme en el nido de donde salí. Si regresara por miedo a la penuria o al fracaso, me perdería el respeto a mí misma. No podría sostenerme la mirada frente al espejo. Sería lo mismo que vivir a medias o morirme de a poco.

23. Una niña rara

Nunca pude ser lo que todos quisieron que fuera. Desde mis primeras patadas dentro del vientre de mamá, casi todos deseaban que naciera un varón. Querían darle a Robert un hermanito con quien jugar. Pero nací yo, que, para colmo, me atrevía a desafiar la ley de los hombres, así me tildaran de ilusa, marimacha y rebelde. No solía jugar al té ni cambiarle vestidos a la Barbie, como hacían otras niñas. Me identificaba con el muñeco Ken, a quien le asignaba el rol de ser un caballero, pues pretendía abrirle la puerta del auto a las otras muñecas. Me fascinaba jugar a las canicas, disparar pistolitas de agua y competir al balompié con los varoncitos de la colonia. Es más, desde que tenía siete años dejaba perpleja a mi familia por andar imitando a superhéroes con músculos y vello en el pecho.

—¡Isabel, ponte una blusa! —dijo Cecilia cuando salí del cuarto con el torso cubierto solo con el manto suave de mi piel.

—Tarzán solo usa calzones —contesté con inocencia. Me sentía fuerte y libre, golpeándome el pecho y gritando igual que el rey de la selva: ¡AOAOA!

Cuando papá visitaba a su hermano, yo lo acompañaba para salir a jugar fútbol en la calle de enfrente. Era una avenida empedrada y desafiante por albergar en una de sus casas al entonces ministro de Finanzas, mi tío, un hombre odiado por su pueblo; al menos eso escuchaba en casa, en el colegio y en la iglesia. Yo era todavía muy pequeña para entender los peligros que acechaban a los parientes de personas importantes como él. Las secuestraban para sobornar a sus familias, pidiéndoles recompensa a cambio de perdonarles la vida. No creía que pudiera pasarme nada malo porque en la eucaristía dominical de la iglesia El Señor de Esquipulas, el sacerdote predicaba que si uno se encomienda a la sangre de Cristo, él nos libra de todo peligro. Confiando en esa promesa, yo hacía la señal de la Santa Cruz y salía a jugar sin ninguna aflicción.

Era la única niña entre todos, pero me tenían respeto por ser rápida y ruda. Gané esa fama a costa de muchos llantos secos. Más de una vez que resbalé corriendo tras el balón, mis ojos se tragaron las lágrimas que el asfalto le arrebató a mis piernas; no importaba cuánto sangraran o cuánto me dolieran, quería demostrar que las mujeres también somos fuertes. Claro que mis movimientos toscos y mi rebeldía angustiaron a mis padres, quienes, en su afán de salvarme de mí misma, me transfirieron al colegio Santa Teresita, donde la misión de las hermanas de la caridad era formar a mujeres delicadas y piadosas. A lo mejor creyeron que estar rodeada de niñas golpeándome el pecho y repitiendo: «Por mi culpa, por mi gran culpa», un día sería más dócil y femenina como mis hermanas.

Yo no entendía tanta preocupación; pensaba en el recreo para treparme a los árboles o jugar a los policías y ladrones, o al baloncesto y otros deportes rudos con amiguitas parecidas a mí. Organizábamos equipos de fútbol americano y usábamos una pelota ovalada. Si no había pelota, diseñábamos una con el suéter del colegio o con cualquier trapo que encontráramos. No sabíamos todas las reglas del juego, así que inventábamos algunas. Abrazábamos la bola contra el pecho y corríamos con rapidez para evitar que el equipo contrario nos detuviera antes de cruzar la línea. Al cruzarla, ganábamos el turno de patear la pelota alto para anotar un punto. Nos encantaba la velocidad y la fuerza. Nos sentíamos invencibles.

Por las tardes jugaba mucho con mi hermano René, que se me pegaba como un tatuaje para hacer mil travesuras, aunque ambos termináramos metidos en líos. Devorábamos a escondidas de mamá el pan dulce que compraba para que comieran todos después de la cena. Aprovechábamos cuando ella salía a realizar algún mandado o atendía alguna clienta en su salón de belleza para calentar un poco de café y hundir en este el panecillo, igual que hacía la abuela paterna antes de deshacerlo en su lengua. Con el pecado en la boca, mirábamos de lo más tranquilos nuestras series favoritas en la tele. A veces, mi hermano mayor, Robert, antes de llegar a su arrebatada adolescencia, nos acompañaba junto a mis hermanas. Yo disfrutaba esos momentos en que no peleábamos. Si mamá demoraba en volver, encontraba el canasto de pan vacío, y con René ganábamos un jalón de oreja aunado a un eterno sermón: «No vuelvo a comprar pan dulce, porque ustedes no piensan en los demás». No contaba con que René y yo tuviéramos memoria de pajarito cuando nos convenía y repitiéramos nuestra diablura.

—Entonces vos y tu hermano más pequeño eran desobedientes con tu mamá, y bien traviesos —interrumpen mis hermanas adoptivas.

Les confieso que sí, que incluso yo me sentía grande y fornida al lado de René. Recuerdo que una tarde que se peleó con los niños de la colonia volvió a casa con un morado en la pierna derecha. Me dio pesar. «Llévame con ellos para darles una lección», le exigí. Nos subimos cada uno a su bicicleta y fuimos a buscarlos. Los encontramos reunidos en grupo, eran como diez. Sentí miedo, pero no podía acobardarme frente a René, no quería perder su respeto. Bajé de la bici y caminé hacia ellos. «No vuelvan a meterse con mi hermano menor o se las verán conmigo», les advertí señalando a René y haciéndome la valiente. Comenzaron a rodearme y a lanzar piedras. «¡Esperen!», gritó uno de ellos, que era más o menos de mi tamaño. Se acercó a mí. Supuse que iba a disculparse por la agresión de sus amigos, pero el niño marrullero, sin piedad alguna, me soltó un puñetazo en el estómago. Quedé quieta como un palo clavado en el suelo tratando de recuperar el aire; cuando lo logré, todos habían desaparecido en una estampida. «Aprovecharon que bajé la guardia para huir, si no, les hubiera dado su merecido», le aseguré a mi hermano. No sé si se tragó el cuento, lo que sí puedo decir es que yo me sentí menos vencida.

En la pubertad fui más brusca y desafiante. Papá sufría porque me encantaba imitar a Maradona. Ponía el pecho para bajar la pelota igual que lo hacía el astro del fútbol en el Mundial. No me perdía ningún partido de la final porque justo en esos días eran las vacaciones de medio año en el colegio. Sin embargo, hace más de treinta años no era común que una niña jugara al balompié, tampoco era bien visto. «Compórtate como una mujercita. Pareces marimacha», me reprendía mamá. Escuché esos regaños tantas veces que perdieron efecto. Yo sabía que solo era una niña a la que le gustaba jugar juegos que otros consideraban apropiados para los niños. Lo que sí cautivaba mi atención eran los gritos jubilosos de papá. Al principio él trataba de disuadirme de jugar con varones grandes y robustos que pudieran lastimarme, pero al rato se le hinchaba el corazón de orgullo porque ellos mismos me invitaban a entrar en su equipo. Mi viejo celebraba que yo esquivara la defensa y les robara a los aficionados un grito de «¡Goool!».

—¡Esta Isabel es de cuidado, muchá, les gana hasta a los hombres! —enunciaba papá con euforia, como si eso fuera algo extraordinario. Pero una tarde soleada que se me ocurrió hacerle de portera, su orgullo se transformó en furia.

Recuerdo que los jugadores eran jóvenes escondidos en cuerpos de hombre. Uno de ellos salió a la ofensiva dejando a la defensa atrás. El corazón se me espantó como señal de una mala premonición. No había otro jugador entre nosotros. Se acercó a la portería con su objetivo desnudo en la mirada: hundir el balón en el fondo de las redes, así tuviera que fusilarme con este primero. El monstruo lanzó su tiro mortal sin misericordia. Yo alcé el cuerpo para desviar la pelota, pero lo único que se desvió fue el hueso de mi brazo derecho; eso dijo el médico mientras lo enyesaba en el hospital donde nos atendieron de emergencia.

—Que esto le sirva de lección, mija, las mujercitas no juegan fútbol, y mucho menos con hombres —recalcó mamá, aliviada porque las consecuencias no fueran peores.

—¡Esos muchachos son unas bestias! ¿Cómo se les ocurre patear el balón con tanta fuerza viendo que hay una patoja en la portería? —interrumpió papá. Creo que a él le dolió el pelotazo más que a mí.

Tan pronto me quitaron el yeso volví a ser la misma niña inquieta y poco femenina. Mi único problema era el uniforme escolar de la cintura para abajo: falda verde cuadriculada y mocasines color marrón. El color no me fastidiaba tanto, pero no entendía cómo las otras niñas podían sentirse cómodas corriendo encima del tacón con tanto aire sobándoles las piernas. Con el tiempo me acostumbré a la falda, usando un short para evitar que el aire atrevido invadiera mi cuerpo por debajo de la tela.

Vestir prendas que me incomodaran se convirtió en la menor de mis preocupaciones después de escuchar una conversación entre mamá y una tía que estaba de visita. Estábamos sentadas alrededor de la mesa del comedor mirando las noticias vespertinas en la tele, cuando mostraron en un reportaje los quejidos de varios hombres que lloraban desesperados. «¡Mire a esos huecos, Vera!», enunció mi tía con tono despectivo. La miré por unos segundos percibiendo su mirada llena de asco. Volví a enfocarme en la noticia, era un reportaje que se remontaba a los años sesenta. Según el reportero, los hombres eran enfermos mentales por haberse enamorado de otros hombres. Lloraban porque los habían separado de sus amantes y los encerraron en un hospital psiquiátrico para «componerlos».

—Estos maricas en la tele me recuerdan a una patoja rara que conocí hace años, Vera —comenzó a contar mi tía—. Figúrese que, en la escuela de Retalhuleu, allá donde daba clases cuando yo era joven, había una niña que se vestía solo en pantalones, usted. Tenía el corte de cabello pegado a la cabeza. Caminaba con las piernas abiertas como si fuera a galope y solo le gustaba jugar con los hombrecitos.

—¿Ah, sí? No me diga —le contestó mamá.

Por un momento pensé que hablaban de mí. Que lo de la escuelita en ese pueblo del interior del país eran inventos para no aventarme la pedrada en forma directa. A medida que mi tía siguió deshilando la historia, me di cuenta de que se trataba de alguien más. Entre un grupo de profesoras curiosas encerraron a esa niña en una de las aulas, mientras los otros alumnos jugaban durante el recreo, para que no se dieran cuenta de lo que planeaban hacer. La acorralaron contra la pared para desvestirla.

—Queríamos averiguar qué problema tenía, Vera. No lo va a creer. Cuando le bajamos el calzón, no sabíamos si era niña o varón.

—¿Cómo así? —preguntó mamá embelesada con el relato.

—¡Tenía los dos genitales!

—¡Ave María Purísima! Esto ya es el fin del mundo.

Era común que reaccionaran así. Escuchar sobre alguien hermafrodita, como se referían en forma despreciativa a una persona intersexual, es decir, que nace con los genitales de un hombre y los de una mujer, resultaba peor para la sociedad que ser un hombre homosexual como los que vimos en la tele. En los ochenta esto aún resultaba insólito. Nunca supe si mi tía exageró los detalles, pero sabía que mi manera de ser se parecía a la de esa niña y, por primera vez, me sentí incómoda bajo mi propia piel.

24. Metamorfosis

El colegio y un grupo de oración sirvieron de salva-vidas en mis días de adolescente desorientada. Les cuento a mis hermanas adoptivas que en la clase salu-dábamos la mañana con un rezo repetido a coro. Dá-bamos gracias por nuestros seres queridos, la salud y la vida, y pedíamos por el bienestar de los indigentes. Aprendimos que la niñez es para beber un manantial de conocimiento. Desarrollamos el gusto por la música y la ciencia, y a empujones, también por los números. Encontré a mi segunda familia, mis amigas de la infan-cia, que perdurarían para siempre, aunque no siempre nos viéramos. Nos unió el deporte, el teatro y las obras sociales. Vivíamos convencidas de que todo ser humano en esencia es bueno; eso nos enseñaron las hermanitas, que tenían un corazón muy noble e ingenuo.

Recibíamos catecismo una vez por semana. Las her-manitas repetían que debíamos practicar la caridad y profesar el valor de la fe católica sin hacer preguntas; si uno cuestionaba, era blasfemia. Creíamos todos los cuentos de santos y mártires que nos contaban como si los conocieran de primera mano. Según las novicias, cumplían con la misión de legarnos la sabiduría que a ellas les había sido concedida por divinidad. Con el pasar de los años, asimilé algo distinto: la sabiduría no se hereda, se adquiere al andar. La fe es una experiencia personal que no siempre encaja dentro de preceptos reli-giosos. Y la ignorancia se amiga con el que nada cuestio-na lo que le enseñaron sus maestros.

El colegio semejaba a una enorme granja. Me delei-
taba escuchar el silencio después de la algarabía matu-
tina. El diálogo de las aves era más interesante que oír
las discusiones entre los humanos; los pájaros esperaban su turno para expresarse. Su canto parecía un coro
melodioso acariciándome el oído. En el patio cubierto
de grama yo corría con todas mis fuerzas, mientras el
aire puro nutría mis pulmones y los tibios rayos del sol
besaban mi piel. Las margaritas y buganvilias coque-
teaban con mi vista. Los árboles eran altos y frondosos,
disfrutaba treparlos para divisar la capacidad atlética de
mis piernas. En lo alto de su copa me sentía dueña del
mundo. Al costado de los dormitorios de las hermanitas se encontraba una capilla discreta de paredes blancas. En su interior encontré tranquilidad y refugio. Iba
a desahogarme por cosas que pasaban en casa o dentro
de mí y que yo no podía entender. Llevaba conmigo a
mi compañera inseparable, la pelota de básquetbol. Se
había convertido en una especie de confidente que escuchaba mis oraciones y ahuyentaba las penas. Jugando
con ella en la cancha descargaba mis fiascos, olvidaba
mis complejos y ganaba la admiración de maestros y
compañeras. Al otro lado de la capilla estaba la puerta
principal, donde una hermanita de la caridad nos acogía
a las alumnas con un abrazo a las siete de la mañana y
nos despedía por la tarde sentada en una silla, tejiendo
una gabardina, un gorro o un suéter. Su cutis era suave,
tatuado con esas líneas inclementes que deja el tiempo.
En su rostro sobresalía una nariz larga y refinada. Llevaba puestos unos espejuelos grandes y gruesos que fingían sus ojos crecidos, pero no le restaban dulzura a su
mirada. Sus manos delgadas con dedos largos bailaban
ágilmente con las agujas del tejido, mientras narraba
historias de aventuras con su voz medio ronca y sutil.
La escuchábamos sintiendo la paz de un atardecer so-

leado, acompañadas de árboles, aves y flores, hasta que las ganas de saltar nos espantaban de nuevo las piernas y salíamos corriendo a jugar a la ronda de «Vamos a la vuelta del toro toronjil, a ver a la rana comiendo perejil».

No sentí el pasar de los años en el colegio hasta que, una mañana, observé frente al espejo a una joven con la conciencia de un cuerpo lleno de curvas que, día a día, amenazaban con aumentar de tamaño. Algunas curvas eran tan notorias de que tendría que acostumbrarme a las miradas indiscretas dirigidas hacia ellas, mientras otras no surgían en la proporción esperada y eso me generaba angustia. «¿Y si quedo un poco plana de allá atrás?». «¿Qué hago si sigo creciendo por delante, pero abajo, del otro lado, quedo pareja?». Me atormentaba la duda, la inseguridad.

Ya no era la misma niña que se entretenía escuchando cuentos fantásticos o jugando a las rondas; ahora había una mirada curiosa y un enorme deseo de encontrarme a mí misma. En realidad, no sabía que estaba perdida hasta que cursé el noveno grado en otro colegio donde las religiosas usaban velo y las llamábamos madres. Fue entonces que me inicié en los apostolados y surgió dentro de mí la incertidumbre, la sed de justicia y la búsqueda de mi identidad. Comencé a asistir a un grupo de oración basado en un movimiento juvenil carismático; adolescentes desconcertadas como yo buscábamos respuestas allí. Esta tendencia espiritual apenas comenzaba y llamó la atención de los fieles. Muchos padres descansaban bajo la noción de saber a sus hijos involucrados en actividades de Dios. Según ellos, eso impediría que cayéramos en drogas o que perdiéramos nuestra virginidad antes de tiempo; aunque la sociedad chapina era bastante permisible con los varones: mientras más mujeres llevaran a la cama, más fama ganaban de ser machos, siempre y cuando no embarazaran a la muchacha. A las mujeres, en cambio, no nos perdonaban ningún desliz, así fuera que, por estar enamoradas, le diéramos a un muchacho la prueba de amor que este exigía. Lo único que ganábamos era el galardón indecoroso de ser «caliente» o «fácil». El joven que ofrecía su apellido a una muchacha que él había embarazado pasaba por tonto ante la sociedad. Familiares y conocidos le aconsejaban que no se creyera el cuento de ser el primero ni el único hombre en su vida, que seguramente la muchacha quería meterle el hijo de otro.

A mí no me dio por probar drogas ni sexo. Ambos estaban al alcance, pero saber cómo las drogas echaron a perder la vida de otros jóvenes fue suficiente para entender que yo podía terminar igual que ellos. Tampoco me fui a la cama con alguien. Exploré poco mi sexualidad, no por falta de ganas, sino por miedo a lo que pudiera descubrir. Los prejuicios que aprendí sobre el sexo en algún momento truncaron mis esfuerzos de entenderlo mejor. Otras jovencitas se atrevieron a explorar al máximo, conocí a dos que quedaron encinta. Para tranquilidad de los padres de una de ellas, su novio asistía al grupo de oración. Fue sencillo convencerlo de casarse para no deshonrar a la muchacha, aunque quién sabe si luego de contraer nupcias no fueron dos jóvenes desdichados.

Mis padres notaron un cambio positivo en mis actitudes cuando iba al grupo. Aprendí a canalizar esa confusión y rebeldía natural de la adolescencia. Con otros jóvenes de mi edad orábamos los sábados por la tarde. Estudiábamos la Biblia y escuchábamos a un predicador que aún era un muchacho, solo me llevaba siete años. Lo admiraba mucho, a veces creo que en él encontré a un hermano mayor amoroso, protector y pacífico. El predicador dirigía los mensajes de sus charlas a los adolescentes, a nuestras necesidades y al potencial que teníamos para lograr una humanidad menos inhumana.

Compartíamos inquietudes, temores y anhelos. Fomentábamos el respeto mutuo entre un hombre y una mujer.

Fue la primera vez que también escuché que un hijo tenía algo que perdonarles a sus padres. Que ellos merecen nuestra compasión y cariño mientras están vivos. El joven predicador decía que cambiar de actitud era más fácil para un hijo porque los padres eran personas mayores y estaban acostumbrados al modo en que habían sido criados en otras generaciones. Nos repetía que ellos llevaban heridas que nosotros desconocíamos. Desde entonces intenté acercarme a mis viejos de una manera distinta. No buscaba que me pusieran atención, intentaba dársela yo a ellos. A veces los abrazaba. Me sentía medio extraña de hacerlo porque no acostumbrábamos a ser afectuosos entre nosotros. Fuimos cambiando con el tiempo y los abrazos se fueron dando de forma natural, en especial en los años que ellos comenzaron a envejecer.

Me volví devota y cambié mi manera de ser. Ayudaba un poco en la casa, barría el piso algunas veces y lavaba los platos después de comer. Protestaba menos cuando estaba en desacuerdo con mis padres. Ayudaba a organizar los retiros espirituales y facilitaba grupos de oración en la iglesia. Asistía a misa los domingos con un sentido diferente; ahora nadie me obligaba a ir. Disfrutaba del espíritu fraternal y de servicio, pese a discordar con las doctrinas de que toda mujer debía seguir a su marido sin rezongar y apoyar sus sueños, como si nosotras no tuviéramos sueños propios o estos fueran menos importantes. Me hice voluntaria para un ministerio de títeres. Mi personaje era el de una bruja que estremecía a todos con su risa maquiavélica. Se valía de mentiras para intentar ganar la confianza de dos niños a quienes quería almorzase. Al final de la historia ganaba el bien. Para mí era como si en cada función me redimiera ante la justicia divina. Hacíamos funciones en casas de orfandad, hospicios, hospitales y en cumpleaños infantiles, con el fin de recaudar fondos para el grupo de oración.

También llegó el día en que comencé a predicar. No duré mucho como predicadora porque con frecuencia olvidaba citar pasajes bíblicos. Si no estaba de acuerdo con algo que leía en la Biblia, la memoria me fallaba de forma conveniente. Podía más mi naturaleza de motivadora que el espíritu de evangelizar. Los líderes del grupo me tenían paciencia porque apenas me estaba formando y porque a otros jóvenes les gustaba escucharme. Algunos buscaban mi consejo cuando se sentían aturdidos, así descubrí que yo podía motivarlos a realizar cosas que ellos no se atrevían a hacer. Hablábamos de cómo superar nuestro miedo al fracaso y a nuestros padres, que llevaban toda una vida planeando como debería ser la nuestra. Pero mi devoción asustó a mamá cuando comencé a despojarme de cosas que ella y papá me habían comprado a costa de trabajo y sacrificio.

Cada dos lunes a las tres de la tarde llegaba una anciana con su nieta a recoger ropa, zapatos y comida. Mamá descubrió que varios vestidos y zapatos desaparecieron de mi clóset. A mí no me gustaban, me parecía pecado tenerlos guardados si a la anciana podían servirle de algo. Mamá comenzó a espiarme y se dio cuenta de lo que yo hacía. Un día el timbre no sonó a la hora de costumbre. Pasaron meses antes de encontrarme con la anciana por casualidad en una parada de bus en la esquina de una cuadra cerca de mi casa.

—¡Buenas tardes, señora! —la saludé—. ¿Por qué no ha vuelto a buscarme?

—Muchacha, no quiero problemas con la policía —me contestó agitada tratando de evadirme.

—No entiendo qué quiere decir —le aseguré.

—La última vez que fuimos a buscarla, su mamá

atendió la puerta, nos amenazó con llamar a la policía si seguíamos pidiéndole cosas regaladas. Pensó que nos estábamos aprovechando de usted.

Mamá ignoraba que era yo quien le pedía a la anciana que volviera porque muchas prendas que le conseguía las colectaba de donaciones que llegaban a la iglesia. La anciana jamás volvió.

La preocupación de mis viejos aumentó cuando renuncié a mi pasión por el teatro y a nuestras salidas en familia y dedicaba todo mi tiempo a los retiros de jóvenes. Antes de involucrarme de lleno con el grupo de oración yo dejaba cualquier cosa por hacer teatro. Primero participé en obras estudiantiles y después en el estudio de teatro Kodali. Mi dedicación y disciplina sorprendían a la directora de escena. Me había dado el personaje principal de la obra, Cornúpeto, un criado que se creía poeta y se la pasaba declamando en vez de hacer la limpieza. El primer actor seleccionado para personificarlo no se aprendía nunca el guion. Su negligencia le colmó la paciencia a la directora, quien me pidió que lo sustituyera en el siguiente ensayo. Memoricé cada escena y la directora me cedió el rol. Más adelante me invitó a ser parte del elenco de José el Soñador, una obra musical con actores y actrices profesionales. Presentamos la obra en el Teatro Nacional de Guatemala. Sin embargo, cuando me inicié en los retiros espirituales ya no me importó el teatro, a menos que se tratara de una obra con mensaje cristiano, como las pastorelas navideñas.

Es curioso que de la misma manera que el grupo de oración al principio me acercó más a mis padres, con el tiempo comenzó a alejarme de ellos. Había dejado de ver con papá las series de vaqueros y las películas mexicanas clásicas que pasaban en blanco y negro los sábados por la tarde. No salía más con él ni con mamá para disfrutar de obras teatrales. El domingo ya no jugaba mi partido matutino en una liga de básquetbol. Todo mi mundo giraba alrededor de la iglesia, un cambio radical que empezó a mortificar a mis padres. Temían que alguna secta me hubiese reclutado y que tarde o temprano terminara suicidándome, como hacían los fanáticos de cultos que salían en los periódicos. Para calmar su zozobra le pedí al padre Antonio que fuera a explicarles de qué se trataba el grupo de oración. Sabía que mamá tenía confianza absoluta en él porque era el mismo sacerdote que llegó a casa años atrás para orar por el alma de Robert y que ofició la misa de mis quince años y la de mis dos hermanas. El cura convenció a mis padres de que yo estaba en buenas manos y de que ellos debían apoyar lo que él interpretó como un «llamado al servicio de Dios» en mi corazón. A mis viejos los conmovió sobremanera enterarse ese mismo día de que yo andaba considerando la vida religiosa para mí. No por vocación, como ellos felizmente suponían, sino porque yo estaba convencida de que bajo los hábitos —confinada entre las paredes de un monasterio— lograría eximirme de un gran pecado que me robaba la paz.

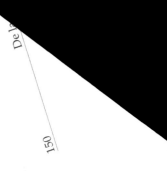

CUARTA PARTE

25. *No más máscaras*

—¡Resucita, Laura! Por lo que más quieras, ¡RESUCI-TA! —debatía yo con la muerte aquella noche triste de cumpleaños.

—No puedo. No quiero. Morir duele menos —decía otra parte de mí.

—Por piedad a tu madre, ¡levántate de esta pesa-dumbre! ¿No ves que ella se consumiría como una vela por la angustia de saberte muerta?

Mi pobre madre, cuánto la herí con mi confesión. No era su culpa lo que yo soy, pero ella se culpaba a sí misma.

—¿En qué fallamos con tu papá, mija linda? —pre-guntó con su voz quebrada la última vez que vino a vi-sitarme. En esa visita se nos cayeron las caretas.

—En nada —le aseguré—. No tienen nada que re-criminarse.

—¡Ay, Dios, mamaíta!, entonces… ¿Qué fue lo que pasó? Yo digo que luchar sola en este país de mierda te tiene confundida.

—No, madrecita. Así nací. Tú lo supiste siempre, pero fue más fácil simular no saberlo.

—¿Estás segura de que no puede hacerse nada? Tal vez inyectándote hormonas, dicen que algunos cam-bian. Busca orientación con un psicólogo.

—Ya lo intentamos, madre. ¡Acuérdate! Era adoles-cente cuando me mandabas con la terapeuta del colegio todos los martes. No funcionó. Ser así es parte de mi naturaleza, no es algo que pueda moldear con terapias, medicinas o rezos.

Mamá soltó la manzana que iba a merendar y apoyó sus brazos en la mesa del comedor. Bajó la cabeza en posición de derrota y comenzó a llorar como una niña con sus ilusiones rotas.

—No llores, viejita —le suplicaba llorando yo también. Me dolía verla sufrir—. Viejita, ya no sufras, esto es más común de lo que supones. ¿Te acuerdas de Minerva, mi mejor amiga, la que se casó con Rigoberto y tuvo dos hijos? ¿Recuerdas de quién te hablo? —le pregunté otra vez. Mamá se calmó un poco y levantó la cabeza.

—¿Me vas a decir que ella era igual?

—Tú la querías mucho. Se llevaban muy bien, hasta iban de compras sin mí. Eran cómplices. Se ponían de acuerdo a mis espaldas para tirar mis trapos viejos y obligarme a comprar ropa nueva.

—¿Por qué mencionas a Minerva, mija?

—Porque le pasaba lo mismo. Nos pasa a miles de personas, madrecita, pero no todos lo admiten. Nacemos en cualquier parte del mundo, en diferentes culturas y generaciones. Si callamos es por el golpe mortífero que la censura implacable de otros le propicia a nuestra autoestima. Incluso muchos que predican compasión suelen aislarnos de sus vidas, juzgándonos de pecadores, mañosos o enfermos de la cabeza. Con su rechazo nos hacen creer que llevamos algo defectuoso por dentro, cuando en realidad somos seres humanos comunes y corrientes; soñamos, amamos y lloramos igual que los demás.

—¿Tuviste algo que ver con Minerva? —cuestionó de nuevo como si ese nombre fuera lo único que mis labios hubieran pronunciado.

—Fuimos pareja varios años.

—¿Cómo se enredaron?

—Nos enamoramos, madre, de la misma manera que se enamoraron tú y papá cuando eran jóvenes. Ninguna de las dos esperaba que ocurriera.

—¿Cómo es posible que no me diera cuenta?

—Yo digo que sí lo pensaste. Lo presentiste, pero te negaste a creerlo, como hacías cuando escuchabas las murmuraciones de la gente sobre mi orientación sexual en mi niñez y adolescencia. Ya nada de eso importa, todo terminó entre nosotras, Minerva decidió rehacer su vida con un hombre.

—Mija, si ella se casó y formó una familia, vos podrías hacer lo mismo —dijo con un tono de voz medio esperanzado.

—Casarse no cambió su naturaleza. Eligió vivir de acuerdo con los convencionalismos sociales. Muchos lo hacen, aunque por dentro se sientan miserables. Viven prisioneros de una mentira que envilece su espíritu con el paso de los años. Poco faltó para que yo hiciera lo mismo cuando antes de venir a Estados Unidos anduve involucrada con el grupo de oración y consideraba la posibilidad de convertirme en monja. Pensé que sometiéndome a la vida religiosa arreglaría mi supuesta imperfección, que me limpiaría de un pecado que ahora entiendo nunca lo fue. A tiempo reflexioné que pecado sería vivir una mentira, aparentar ser alguien que no soy. Prefiero aceptar mi verdad. Sentirme libre. ¡Ser feliz!

—¿Cómo vas a ser feliz si la gente te juzga mal y te rechaza por ser así? Fíjate que creo que tu papá tuvo una corazonada y se preocupó por vos.

—¿De qué hablas? —le pregunté aturdida.

—En Guatemala pasaron una película muy triste de una mujer que no se casó. Se creía hombre y andaba atrás de otra mujer. Unos sinvergüenzas la agarraron a golpes y la violaron para que se le quitara la maña de querer parecerse a ellos. Tu papá salió deprimido del cine esa noche y estuvo pensativo durante la semana. Me preguntó por qué no te habíamos conocido novio y si no pensabas casarte.

—Madre, yo me siento mujer —le rebatí con certeza—. Me gusta mi cuerpo como es. Amo mi busto y mi vagina. La única diferencia entre nosotras dos es que tú te enamoraste de un hombre y yo de una mujer. ¡Soy lesbiana! Por fin pronuncié la palabra, liberándome de una enorme cadena de complejo que sofocaba mi pecho.

—Ay, mija, y lo decís como si nada.

—Madrecita, lamento que no me aceptes.

—Cómo no te voy a aceptar, hija de mi alma, si a todos mis hijos los quiero mucho. Pero no le contaré a tu papá esto porque hace poco lo diagnosticaron diabetes por un susto que se llevó. Esta noticia le causaría otra impresión muy fuerte, mejor me llevaré tu secreto a la tumba. Todos los días pediré a Dios que te proteja, que nadie te haga daño. De repente, el Santísimo hace el milagro de que cambies y despertamos de esta pesadilla.

«Ese momento debió de ser muy doloroso para Doña Vera», comentan entristecidas mis hermanas adoptivas, que siguen escuchando mi relato en el patio de mi casa, al mismo tiempo que se aprecian en el cielo los primeros fuegos artificiales por el Día de la Independencia. Al calmarse el ruido bebo más agua, mientras les confieso que salir del armario ante mamá a mis veintiséis años también fue desgarrador para mí. Aquella noche que la tristeza me acorraló en mi cuarto, recordar sus palabras de que mi orientación sexual era una pesadilla de la cual anhelaba despertar algún día cobró un efecto mortal. Sentí una puñalada rasgándome muy hondo mi espíritu ya moribundo. «Un puñal —pensé de pronto—, eso necesito para finiquitar mi existencia. No quiero causarle más martirio a mi madre». Salí del cuarto y fui a la cocina a buscar un cuchillo.

26. Morbo, atracción y miedo

Sostenía el cuchillo en mi mano derecha apuntando contra mi pecho. Al mismo tiempo iba desenredando en mi mente telarañas de prejuicios internos que se habían apiñado en mi subconsciente desde que era niña.

Me remonté con el pensamiento a mis doce años, cuando escuchaba entretenida la conversación entre otras estudiantes mayores que yo. Se reunían en el recreo para parlotear de sus primeras aventuras amorosas, aunque delante de sus padres y de las hermanas de la caridad fingían ser imberbes. La primera detallaba cómo le bailaba el corazón cuando su novio mordía con delicadeza la punta de su oreja. La segunda hablaba de lo rico que sentía cuando el suyo le apretaba las nalgas con sus manos fuertes. La tercera confesaba lo mucho que la excitaban sus besos húmedos en el cuello. Yo no decía nada. Me daba vergüenza comentar porque en casa y en la clase todo lo relacionado al sexo era tabú. No se platicaban ni las cosas más elementales, esperábamos a que estas nos sorprendieran con su llegada, como sucedió con mi primera menstruación.

Yo restregaba mi cuerpo en la regadera con el estropajo cargado de jabón cuando, de repente, un río rojo se deslizó entre mis piernas. Pensé que me desangraba por dentro. «¡Mamá! ¡Mamá, venga rápido! ¡Me estoy deshaciendo!», grité despavorida. Mi madre entró al baño y, al ver lo que ocurría, comenzó a reírse. «Ay, mija linda, es normal que las niñas menstrúen cuando desarrollan», me dijo. Fue la primera vez que escuché la palabra menstruar. Ese día mamá consiguió toallas sanitarias y me explicó que tendría que usarlas cada veintiocho días. Después el tema pasó a la historia entre nosotras. Si en caso lo mencionábamos, era a la ligera, cuando yo necesitaba que me comprara pastillas para calmar los cólicos que me castigan cada mes como un purgatorio.

Otra tarde me ganó la curiosidad. Le pregunté por qué mis hermanos nacieron con pene y yo no. Ya había cuestionado esto cuando apenas tenía siete años y quería orinar igual que hacía mi hermano menor. Entonces ella solo insistía que me sentara, como hacían mis hermanas. Cuando le pregunté lo mismo ya siendo yo una adolescente, me contestó molesta y tajante: «Cállese, mija, eso no lo preguntan las muchachitas de su edad». Me sentí abochornada sin entender qué hice mal. Su reacción aumentó mi morbo, pero no volví a preguntarle nada sobre sexo ni órganos genitales. Preferí buscar respuestas en cualquier otra parte.

Las telenovelas se convirtieron en mis primeras maestras de romance. Todas las noches Claudia y yo nos encerrábamos en el cuarto de mis padres para ver el siguiente capítulo de La intrusa. Si mi abuela paterna visitaba, la mirábamos con ella en la sala. Era fascinante escucharla predecir lo que sucedería en el siguiente episodio, sabía el desenlace porque la temática era la misma desde la época de las radionovelas, pero en ese entonces creíamos tener una abuela adivina. Con tantas escenas pudorosas en las historias de los años setenta me instruí a medias en las cosas del corazón. Los momentos eróticos eran sugeridos, quedaban a merced de la creatividad o la experiencia de cada televidente. En la intimidad exhibían a media luz los brazos extendidos y desnudos de los enamorados. El resto de sus cuerpos quedaban envueltos en una manta. Las cámaras se enfocaban en las manos con los dedos entrelazados, que, de repente, se sujetaban con fuerza por segundos, devolviéndose la libertad al concluir el momento culminante. Así describía ese momento la abuela sin detallar lo que quería decir. Yo entendía que era emocionante porque miraba cómo se emocionaba la abuela. Aparte de esos escasos espacios eróticos, los protagonistas hacían del amor un misterio la mayor parte de la trama. Se amaban y sufrían en silencio; yo aprendí a hacer lo mismo, aunque por razones distintas.

Solía encariñarme mucho con algunas amigas sin decirles nada. Las abrazaba con una mezcla de ímpetu y ternura. Me daban celos si ellas preferían jugar con otras niñas. Imaginaba que caminábamos agarradas de la mano en algún parque, con hijos que ellas —no yo— habían engendrado; que celebrábamos Navidad y cumpleaños como cualquier familia, con papá y mamá. Más de alguna amiga correspondió a mi cariño, pero nunca hablamos del tema. Quizá porque no entendíamos nuestros sentimientos o porque no sabíamos si sentirlos era bueno o malo. No conocíamos a nadie que anduviera de pareja con otra persona del mismo género. Además, en las telenovelas de antes, las mujeres se enamoraban de un hombre y los hombres de una mujer. Así que con mis amigas todo quedaba entre miradas dulces, manitas sudadas, abrazos interminables y fantasías frustradas. Nos conformábamos con escuchar «te quiero mucho» y ser la mejor amiga.

Les cuento a mis hermanas adoptivas que en quinto año de Magisterio las cosas cambiaron para mí. Era más consciente de lo que conllevaban algunas de mis emociones. Me sentía físicamente atraída por la profesora de Química. Disfrutaba estar cerca de ella y quería ganarme su afecto. Impartía el curso una vez por semana. No me interesaba la clase, pero ella la hacía soportable. Explicaba fórmulas complicadas de manera sencilla.

También poseía una manera muy peculiar de ser y se mostraba segura de sí misma. Decía lo que pensaba y se vestía como quería, eso la diferenciaba del gremio y la convertía en mi heroína. En el recreo, yo le compraba con el dinero de mi almuerzo los tamalitos de queso con loroco que tanto le gustaban. Iba a dejárselos al salón de profesores y aprovechaba para entregarle notitas con mis pensamientos inspirados en ella. Quería agradarla, robarle una sonrisa, conquistarla como hacía un galán de telenovela cuando le regalaba flores a la actriz principal.

Mis cortejos asustaron un poco a la profesora, eso me dijo una compañera que, en confianza, soltó la lengua. La profesora les preguntó a dos compañeras de aula si a mí me gustaban las mujeres. La pregunta pronto se convirtió en rumor, y el rumor en un secreto a voces que me hacía sentir como una criminal al descubierto. No sabía cuántas compañeras o profesoras se enteraron. Me angustiaba la idea de que algunas fueran morbosas y quisieran esculcarme entre las piernas, como le pasó a la alumna intersexual de quien escuché hablar a mi tía años antes. Le conté a mamá el rumor que corría en el colegio, pero negué rotundamente mi atracción física por la profesora.

—¡Ay, mamaíta!, por eso le recalco hasta el cansancio que use aretes. Póngase zapatos de tacón en lugar de esas chinelas viejas. Suéltese el pelo, no se lo recoja con una gomita —fue lo único que dijo. Se angustió mucho, no sabía cómo ayudarme. Me quedé con la falsa idea de que mi manera de ser la avergonzaba. No era la primera vez que rumores como estos la agobiaron. En tercero básico me mandaba a citas con la psicóloga anhelando que ella pudiera convencerme de ser más femenina.

—¿Por qué no usa vestido ni se recoge el cabello con una hebilla bonita como hacen otras señoritas de su edad? —preguntaba la terapeuta en las primeras sesiones.

Siempre le contesté: «Con la hebilla y mis shorts me siento más cómoda».

—No debería jugar al fútbol con los niños, ese deporte es para varones. —Otra de sus advertencias necias a la que yo replicaba: «Es mi deporte favorito; juego con niños porque mis compañeras no saben patear la pelota».

Terminó el año escolar y las terapias no me ayudaron a dejar los pantalones cortos ni el hule con que agarraba mi cabello ni calmaron la angustia de mamá. Preferimos posponer por tiempo indefinido nuestra conversación sobre mi vestimenta y mis ademanes toscos. Lo mismo que hicimos años más tarde sobre los rumores de que me gustaba la profesora de Química. A las dos nos incomodaba el tema, resultaba más fácil sepultarlo en el olvido.

La situación en el colegio me agobiaba. Tenía pesadillas. Soñaba con el reportaje sobre los hombres homosexuales que vimos con mi tía en la televisión cuando yo aún era adolescente y lo que ella y otros maestros le hicieron a la niña intersexual. Temía que mis compañeras me vieran como una niña rara o que se organizaran en grupo y trataran de acorralarme para hacerme daño. Ahora que soy adulta pienso que esos temores fueron innecesarios, pero en ese momento el peligro parecía real en mi mente.

«¿Qué hiciste entonces?», preguntan inquietas mis hermanas adoptivas. Les contesto que pedí consejo a dos catedráticas. Primero a la que impartía Psicología, a quien intenté convencer de que la profesora de Química había malinterpretado mis intenciones. «Solo quería ser amable con ella para agradecerle su paciencia con una materia que llevo a cuestas», le aseguré. Me favoreció que a la profesora la perseguía la fama de ser desmesurada para criticar, por lo que varias colegas suyas reprobaban su manera de ser y la ignoraban. «No haga caso de los rumores, Laurita. Esa profesora habla por hablar. Ya no mencione el tema porque la gente va a creer que algo hay de cierto si ven que le afecta tanto», me advirtió. No conforme con su consejo también hablé con la catedrática que coordinaba mi grupo de promoción. Ella sugirió algo parecido, con una dosis de ficción agregada: «Invente que tiene novio, así detiene las habladurías, no vaya a ser que de tanto escucharlas termine creyendo que sí le gustan las mujeres. Eso le pasó a una amiga mía que vive en Estados Unidos».

Los consejos de mis catedráticas solo aumentaron mi confusión y mis temores. Comencé a verme como una pecadora por algo que yo no podía cambiar dentro de mí. Me sentí incomprendida. Vulnerable. Sola. La única salida que vi fue seguir sus consejos. No volví a cortejar a la profesora de Química ni mencioné más el tema. Pregoné a los cuatro vientos que me gustaba un muchacho que realmente jamás existió y anestesié mis verdaderos sentimientos. Por muchos años, me recordé a diario que debía olvidar quién soy.

27. Las tortilleras también amamos

Jamás imaginé que podría amar a alguien por encima de mí misma. En mi vida me había ilusionado tanto ni pensé que llegaría a hablar de esta manera tan cursi ni que sería imposible seguir reprimiendo mi naturaleza.

Trabajaba de niñera en Beverly Hills cuando conocí a la musa que evocó en mí el espíritu de un quijote soñador, aventurero y desquiciado. Se llamaba Minerva. La vi por primera vez en el lobby de un condominio de gente adinerada. Yo cuidaba a un infante de tres años; ella, a una niña de cinco. Al principio no me atrajo para nada. Me pareció arrogante por retirarme la mirada tan pronto le sonreí. Por su rostro de rasgos asiáticos supuse que no era latina y que tampoco hablaba español, así que no le presté mucha atención. Me acerqué al guardia de seguridad que hablaba con ella para preguntarle dónde quedaba la piscina. Acabábamos de mudarnos al edificio con la familia del niño a mi cargo y no estaba familiarizada con el lugar. Mientras el guardia señalaba en dirección a la alberca, Minerva me miró muy seria, sin decir nada; pero los niños simpatizaron de inmediato, por lo que nos vimos obligadas a intercambiar palabras entre nosotras.

Para mi sorpresa, sí hablaba español y ofreció con amabilidad mostrarnos el camino. En el trayecto formulábamos las preguntas del millón que hacemos todos los inmigrantes para conocernos mejor. «¿De dónde eres?». «¿Cuántos años llevas viviendo en Estados Unidos?». «¿Por qué inmigraste?». «¿Tienes familia acá?».

Minerva era costarricense, pero de ascendencia asiática por parte de su papá. Llevaba algunos años residiendo sola en Los Ángeles y tenía un novio que aligeraba su soledad los fines de semana. Había dejado su país en busca de mejores oportunidades, como la mayoría de los inmigrantes. En nuestro corto diálogo descubrí su sonrisa alborozada, su franqueza para hablar y su espíritu atrevido, que me atrapó casi al instante.

En pocas semanas los niños se hicieron buenos amigos, y nosotras también. Cada vez encontrábamos más excusas para reunirnos. Planeábamos días de juego para los pequeños. Íbamos al parque, a la piscina, y mirábamos películas infantiles. Entre semana parecíamos una familia de dos mamás con dos hijos, pero los sábados y domingos yo despertaba a la realidad. El niño que cuidaba salía con su padre, mientras la mamá lo hacía con su pareja del momento. Yo me quedaba sola en su apartamento, que era el mismo lugar donde vivía para ahorrarme gastos de alquiler. Cuando la niña que cuidaba Minerva se iba con su papá, ella llegaba a visitarme un rato y se arreglaba, mientras charlábamos, para salir con su enamorado. Yo la observaba maquillarse mientras ella hablaba. Su mirada alegre penetraba mis pupilas. Me hipnotizaban sus gestos de ternura y su energía en cada palabra que pronunciaba. Cuántas veces anhelé congelar el tiempo y perderme como una loción de cuerpo entre sus brazos y sus piernas.

Cuando Minerva reñía con su novio dejaban de verse por largas temporadas, entonces ella buscaba refugio en mí. Yo la escuchaba y trataba de animarla complaciéndola en todo. A menudo salíamos de compras, porque a ella la enloquecían las tiendas. Antes de conocerla nunca anduve con tanto afán tras las vitrinas de un mostrador de ropa en las calles del centro de Los Ángeles ni en ninguna otra parte. Minerva me recordaba mucho a mamá por lo buena que resultó para el comercio. Compraba prendas de vestir y las vendía a fiado entre sus clientes. Era muy amiguera y buena con el don del habla, sobre todo cuando se trataba de cobrar lo que le debían. Le fascinaba ir a conciertos, explorar el mundo, hacer nuevos amigos. A mí me deslumbraba ella; hacía lo que fuera con tal de estar a su lado y verla feliz. Yo también llegué a gustarle a Minerva. Ella no lo expresaba con palabras, sino con la suavidad de su mano apretando la mía con disimulo por debajo de la mesa en algún comedor. Nos deteníamos a comer para tomar fuerzas de seguir aventurando. Una tarde que regresamos temprano al apartamento decidimos ver una película para matar el tiempo. No recuerdo el nombre de la película ni las escenas porque tan pronto nos sentamos en el sofá, Minerva desnudó mis pies sobre sus piernas y comenzó a masajearlos suavemente. ¡Qué rico sentía yo su toque! Perdía la noción del lugar, de la hora, de todo. Mi imaginación vagaba en el vacío donde enredábamos nuestros cuerpos hasta fundirse en uno solo. Pero sola me quedé yo cuando la llamó el novio por teléfono y ella aceptó salir con él. Esa vez tuvieron otra riña y Minerva regresó decidida a no reconciliarse, lo que me dio la pauta para conquistarla.

Seguimos saliendo juntas en nuestros días de descanso y fuimos intimando más. Una noche nos quedamos a dormir a minutos de la playa, en Manhattan Beach. Fuimos a visitar a los señores que me dieron mi primer trabajo en el norte, siempre me invitaban a pasar unos días en su casa. Les tomé la palabra un sábado que paseábamos por ahí cerca. Nos ofrecieron el cuarto de visitas.

—¿No les importa dormir en la misma cama? —preguntó la señora Jones.

—¡Para nada! —contestó Minerva sin pensarlo mucho.

«Dormiremos juntas... ¡Quizá abrazadas!», me ilusionaba yo. Poco a poco se fue durmiendo el día y despertó el amor. El silencio, el espejo del guardarropa y cuatro paredes blancas contemplaron una guerra interna entre el delirio y la cordura. Con disimulo, escondimos nuestros cuerpos bajo la misma cobija. La única estela de luz en el cuarto fue el reflejo indiscreto de una luna llena que atravesó el cristal de la ventana para descansar sobre nuestra mirada. ¡Por fin solas! Yo inhalaba bocanadas de aire al respirar muy cerquita de su boca. Nuestros labios mudos. El deseo tan hiriente la dejó inerme como una presa a merced de un cazador ávido.

—Me duele mucho el estómago —gimió.

—¿Quieres que le pida a la señora Jones una pastilla para el dolor?

—No es necesario —me dijo, posando mi mano sobre su estómago—. ¿Puedes sentir cómo está de duro? Pareciera que tengo una piedra.

Enmudecí. Comencé a sudar. Acaricié su vientre despacio por largo rato. Ella no decía nada. Se dejaba sentir. La toqué un poco más abajo. De pronto me puse nerviosa y retiré la mano. Yo nunca había hecho el amor con nadie. Lo que sabía sobre sexo lo aprendí escuchando a mis amigos y viendo películas pornográficas cuando comencé a explorar mi sexualidad ya de joven. Minerva me pidió que la sobara otra vez con la excusa de mitigar su dolor. Volví a descansar mi mano sobre su vientre calado y luego, como si un imán la atrajera, la subí lentamente hasta rozarle el busto.

—¿Quieres que me detenga? —le pregunté.

—No hables, no preguntes nada —me respondió.

Arrojé la inhibición a un lado y la acaricié de nuevo, pero esta vez lo hice como si su cuerpo me perteneciera. La gocé a cada segundo, en cada roce. La noche no alcanzaba para perderme por los cuatro puntos cardinales de su anatomía y otros rincones que ella misma me ayudó a descubrir. Me percaté del tiempo, se fugaba deprisa; pasaron los minutos, las horas, y yo... seguía ahí, atrapada en ese instante. ¡Feliz! El mundo entero había dejado de latir. Ella cerró sus ojos mientras su respiración agitada se confundía con la mía. Mi saliva se fusionó con la suya. Mis besos comenzaron a rociar de agua bendita su mejilla, su cuello y cada pedazo de su piel, como si fuera la única vez que lo haría. Sobé su clítoris erecto. Comencé a apretujar a mi antojo su busto firme y colosal. Mis labios succionaban placenteros su vértice. Mis dedos, libres como las aves, se infiltraron en el rincón más oculto y húmedo de su cuerpo; los apretaba una y otra vez como queriendo atraparlos para siempre, hasta que ambas explotamos de placer.

Mis hermanas adoptivas se quedan embobadas cuando les cuento la escena con lujo de detalles. «Seguí hablando, Laurita. ¿Qué más pasó?», preguntan ansiosas. Es la primera vez que escuchaban cómo se entregan en la cama dos mujeres enamoradas.

Después del clímax nos perdimos en un abrazo entrañable, que se desplomó de repente por un temblor disfrazado de mal presagio. La fuerza sísmica hizo trizas el momento más divino que nos habíamos regalado. Se movió la cama y algunas cosas sobre el guardarropa cayeron al suelo.

«¡Pecamos! Lo que hicimos incitó la ira de Dios», aseguró Minerva afligida. Su llanto se hacía más pesado conforme citaba algunos trozos de las escrituras bíblicas sobre Sodoma y Gomorra. Insistía en que merecíamos quemarnos en el infierno.

Yo no entendía semejante condena por habernos amado tanto. Escuché sus lamentos hasta salir el alba. Le pedí que se arreglara para irnos temprano a la playa. Desayunamos en silencio sin mirarnos a los ojos. Llegamos al muelle y nos metimos al agua dándonos un baño prolijo, como queriendo limpiarnos de algo. Ella fue a la orilla a recostarse boca abajo sobre una toalla en la arena, donde permaneció por casi una hora. Yo la contemplaba desde las olas, que se llevaban su aroma impregnado en mis poros y mis ilusiones de vivir un idilio con ella. Me cansé de ahogar mi desilusión y fui a reposar a su lado. Nos miramos con profunda tristeza, no sé si por los remordimientos de habernos entregado en cuerpo y alma o por seguir amándonos a pesar de ellos. Resultaba irónico haberla tenido tan cerca y que ahora pudiera perderla. Así, en silencio, con nuestras almas contemplándose, escuchamos las olas del mar, como si estas bendijeran el sentimiento puro que las había unido. Minerva tomó mi mano y dijo que nuestra entrega tenía un significado especial: «Dios sabe por qué pasan las cosas».

«¿Cambió de actitud entonces, ya no le importaba ser tortillera? ¿Acaso no lloraba en la madrugaba diciéndote que habían pecado?», cuestionan confundidas mis hermanas adoptivas.

Les explico que a mí también me desconcertó su incongruencia; horas antes Minerva condenaba nuestra entrega y ahora casi la santificaba. Pero en ese momento no me interesaba descifrar el origen de su repentino cambio de parecer. Lo acepté. Lo celebré. Esa mañana, sin ponerle nombre a nuestra unión, iniciamos una relación clandestina en pareja.

28. De la muerte también se vive

Minerva y yo abandonamos nuestro oficio de niñeras para ganarnos la vida hablando de la muerte.
No era un trabajo fácil. Pensar en que uno va a morir
y cómo quiere ser enterrado no es un tema interesante
para casi nadie. A mí me parecía una manera de ayudar
a otros porque recordaba que mamá había adquirido
un mausoleo familiar en Guatemala por tres razones:
la primera, para evitarnos las vueltas de buscar un cementerio a última hora y los dolores de cabeza que, por
ende, se sumarían al sufrimiento de una desgracia; la
segunda, porque quería que todos en nuestra familia
termináramos enterrados en el mismo lugar; la tercera,
como una inversión, porque el terreno para los difuntos
subían de valor cada año, como sucedía con cualquier
vivienda para los vivos. Mamá pensaba que si surgía
una emergencia, podría venderlo. Por otro lado, algunas
personas pudientes en su pueblo compraban tumbas
por solidaridad con familiares y amigos; si otro fallecía
antes y la familia no tenía dónde enterrarlo, le cedían
un espacio. A cambio, los beneficiados devolverían el favor en el futuro. También era común que la gente mayor
guardara un féretro sobre el ropero de su cuarto para
burlar a la muerte. Tenían la superstición de que comprando un ataúd la calaca demoraba más años en ir a
buscarlos.

Al principio nos fue bien vendiendo panteones, pese
a que no recibíamos un salario fijo. En ese negocio el
que no vendía no comía, pero la comisión que uno gana-

ba hacía que todo esfuerzo valiera la pena. Cada venta de mausoleo representaba de trescientos a seiscientos dólares de ganancia para el vendedor, más de lo que hacíamos trabajando cuarenta horas a la semana como niñeras. Lo que ganábamos nos alcanzó para alquilar nuestro primer apartamento, de una recámara, en South Gate. Poco a poco lo fuimos amueblando con cacharros que otros vendían en sus patios por cualquier cantidad mezquina que uno ofreciera. Conseguimos varios muebles conservados en buen estado. Los utensilios para comer y cocinar eran servibles. Colgamos algunos cuadros y convertimos ese apartamento sencillo en un caluroso hogar. A veces nos tomábamos el día libre para disfrutar más tiempo juntas ahí; Minerva cocinaba alguna receta o se ponía a pintar y yo miraba una película o leía un libro. Esa flexibilidad de horario en el empleo nos animaba a seguir trabajando.

Durante las horas de trabajo conocimos sujetos interesantes. Algunos me recordaban a la gente sencilla de los pueblos en Guatemala, que muy a pesar de algunas supersticiones, entendían el fallecimiento de alguien como el ciclo natural de la vida. Velaban a sus difuntos en las salas de su casa, no en una mortuoria, como se acostumbra en Estados Unidos. Otros clientes interpretaban la muerte como un augurio de mala suerte y nos cerraban la puerta en la cara. Resultaba cómico escuchar las preferencias de algunos individuos. Una señora dijo que quería ser enterrada en un hoyo en el suelo para estar cerca de la imagen de piedra de una virgen que veneraba. Cuando hicimos alarde de que en el cementerio regaban la grama todos los días para darle buen mantenimiento, insistió en que no quería que le cayera tanta agua y prefirió comprar un mausoleo. Minerva y yo nos miramos haciendo gran esfuerzo por no soltar una carcajada. Mientras tanto, su hija aludía al hecho de que daba lo mismo donde la enterraran porque ya muerta no sentiría ni su tumba fría.

La reacción de los testigos de Jehová, los evangélicos y los mormones a menudo nos confundía. Se portaban muy amables con nosotras y nos invitaban a tomar un té o una merienda. Nosotras éramos tan ilusas que creíamos tener una venta segura, porque en la oficina del cementerio nos reiteraban que una vez estuviéramos dentro de la casa del cliente, el cincuenta por ciento de la venta estaba concretada. No nos percatábamos de que la gente religiosa también tenía su agenda: convertir a una persona en otra oveja para su rebaño de fieles. Nos advertían de biblias adulteradas, de sectas religiosas, de cultos y de falsos profetas. Sucedía lo mismo con seguidores de otras denominaciones: todos aseguraban que eran parte del pueblo elegido porque su iglesia era la verdadera iglesia de Dios. Nosotras salíamos angustiadas, convencidas de haber sido criadas en la religión equivocada y de que ya se acercaba el fin del mundo.

Hubo ocasiones en que cerrábamos varios tratos con muy buenas ganancias, pero, para nuestro desencanto, algunos compradores cancelaban en menos de veinticuatro horas. Sospechábamos que a lo mejor firmaban los papeles para sacarnos de su casa. Un mes que nada vendimos, no nos alcanzaba para cubrir el alquiler del apartamento. Comenzamos a desmoralizarnos. También fuimos tomando conciencia de que se trataba de un trabajo peligroso para dos mujeres jóvenes, sobre todo después de que comentaran en la oficina el caso de una vendedora que fue violada. Había tocado la puerta de una casa donde varios hombres consumían alcohol. Uno de ellos mostró interés en saber más sobre los mausoleos y la invitó a pasar para que les hablara a todos sus invitados sobre los servicios del cementerio. Una vez adentro, varios de ellos abusaron sexualmente de la muchacha. Este caso nos impactó mucho. Nos dimos cuenta de que lo mismo podía pasarnos a nosotras en cualquier momento.

Una tarde de tantas, Minerva se llevó un susto muy grande. Habíamos decidido arriesgarnos a probar suerte trabajando cada una por su cuenta para vender más y ajustar lo que nos hacía falta para el alquiler. Acordamos volver al auto en tres horas, pero yo demoré casi cinco tratando de cerrar una venta. No pude avisar a Minerva de mi atraso, no existían lo celulares en esa época. Cuando llegué al carro la encontré en medio de rezos y sollozos. Me abrazó tan pronto me vio. Daba gracias al cielo de que no me hubiera sucedido ningún infortunio. Ese incidente fue el detonador que nos motivó a trabajar de nuevo de niñeras, devengando un salario fijo sin exponernos a los peligros de la calle.

29. El desamor y sus sombras

Hacíamos el amor como si el planeta estuviera a punto de apagarse. No había exquisitez más grande a mi paladar que el agua tibia que emanaba de su vientre embriagado de éxtasis. Fue lamentable que justo en esos segundos de gloria se desatara la conciencia de Minerva y me pidiera que no siguiera. «¡No quiero que Dios castigue a mi hijo!», exclamó, confesándome de esta manera que estaba preñada. Sentí como si me congelaran los huesos y flotara en el limbo. Parecía que la sangre en mis venas se paralizaba, pues me costaba respirar. Me senté. Miré a los lados, las paredes, la alfombra, a ella. Toqué mis brazos y mi cara como queriendo despertar de una pesadilla. Me traicionaba quien yo había adorado. Mi corazón se fracturaba a medida que ella escupía los detalles de su relación con un amigo que teníamos en común.

—No sigas, ya no quiero escuchar cómo se dieron las cosas entre ustedes —le manifesté. Ella terminó apuñalándome con una catarsis de recriminaciones.

—Tú no podías darme el hijo que siempre he querido tener ni ofrecerme una vida normal. Lo nuestro siempre sería un amor a medias. Prohibido.

Hacía mucho tiempo que no hablábamos del tema. Me pareció que ceder con ella en otras cosas había sido suficiente para hacerla feliz. Comprendí que estuve viviendo una fantasía y comencé a reclamarme a mí misma no haberla apoyado para engendrar una criatura. «Quizá así ella no me habría engañado», pensaba yo tratando de justificarla. Por otra parte, no sabía a quién traicionó más, si a mí por no saber que ella y Rigoberto se acostaban o a él por ignorar que nosotras éramos mucho más que amigas.

—Mudémonos a otro estado, donde Rigoberto no pueda encontrarnos. Él no tiene que enterarse de mi embarazo. Nosotras podemos criar a mi hijo —me propuso.

—¿Te das cuenta de lo que me pides? —le pregunté asombrada.

Yo sabía que no volvería a confiar en ella. Tampoco podría ver a su hijo de otra forma que no fuera como un dedo en la llaga que me recordaría su traición. Su revelación hizo evidente que yo jamás sería capaz de darle lo que ella necesitaba y que seguiríamos escondiendo nuestra relación.

—Prefiero perderte —le contesté—. Tal vez alejándome de ti logre sobrevivir a esta decepción que despedaza mi alma y a la rabia que me hace repudiarte con la misma fuerza con que te amo.

Mis hermanas adoptivas escuchan atónitas mi historia. Ellas conocieron a Minerva en una fiesta de nacimiento sorpresa que me ayudaron a organizarle. No sospechaban de nuestro romance ni imaginaban que yo fuera lesbiana. «Ahora sabemos por qué te encerrabas seguido a llorar en el baño cuando vivías con nosotras, incluso te escuchamos llorando la noche de la fiesta de nacimiento —me confiesan—. Lo que no entendemos es cómo se reconciliaron antes de ese día». Les digo que faltaban tres meses para que Minerva diera a luz cuando me llamó por teléfono desesperada. Sentía un fuerte dolor en el abdomen, como si la niña se le fuera a venir en cualquier momento. Me pidió ayuda porque no localizaba a su marido por ninguna parte. Yo prefería no verla, pero su bienestar pudo más que mi ego y la llevé a una clínica. Por suerte, sus temores resultaron falsa alarma. En el camino de regreso a su apartamento, ya más tranquilas, conversamos un poco. La distancia entre nosotras, sin comunicarnos, había menguado mi resentimiento contra ella. Minerva contó que sus padres ignoraban que iba dar a luz. La avergonzaba el hecho de no haberse casado primero. Rigoberto sí le propuso matrimonio, pero ella carecía de energía para planear su boda. Decidí apoyarla y organizamos una ceremonia sencilla. Así fue como antes de nacer su primogénita, hicimos las paces. Y yo misma entregué a la mujer que amaba al hombre que una vez fuera mi amigo.

Con el mismo auge que la llegada de Minerva iluminó mi existencia, ahora su partida me dejaba a oscuras, sin rumbo, con el corazón dormido. Por dos años y medio sus sueños habían sido los míos. Mi mundo giró alrededor del suyo. Su ausencia dejaba un cúmulo de preguntas sin respuesta y heridas abiertas. Sentía un vacío abismal. Intenté recoger los añicos que quedaron de mi identidad, ignorando que mi rehabilitación emocional sería larga y complicada. Varios amigos aseguraban que encontraría la cura para mi mal si probaba «lo que podía hacerme sentir un macho en la cama». En un momento de confusión lo creí posible, al extremo de arriesgar en forma estúpida mi cuerpo, mi salud y mi vida.

Una mañana que fui a una gasolinera en West Hollywood, yo sostenía la manguera del tanque de la gasolina sin poder dejar de llorar. Extrañaba horrores a Minerva, su olor, su voz, su piel. Sin ella sentía mi vida desierta. De pronto, un tipo muy amable se acercó a ofrecerme ayuda para ponerle gasolina al auto.

—¿Por qué lloras? —preguntó al colocar la manguera del tanque de regreso en su sitio. Lo miré sin contestarle—. Debe de ser por un mal de amores —dijo como si realmente supiera lo que me pasaba.

—Algo hay de eso… Prefiero no hablar —le contesté con una sonrisa medio forzada.

Supongo que él la interpretó como algo más que un gesto amable, porque sin ningún miramiento me dijo que buscaba una aventura amorosa. Que estaba casado con una mujer que parecía momia en la intimidad y deseaba pasar un buen rato con alguien más. Me propuso acompañarlo a un motel al otro lado de la calle. «Los dos necesitamos un poco de cariño», aseguró mientras su mano derecha colocaba con suavidad mi cabello detrás de la oreja y la otra secaba con un pañuelo mis mejillas. Vacilé por tan solo un instante; pensé que esta sería la oportunidad de averiguar si lo que decían mis amigos de acostarme con un hombre podía sacarme del corazón a Minerva y, de paso, despertar mi interés sexual por el sexo masculino.

Llegamos al lugar donde lo prohibido deja de serlo. El tipo pagó por el cuarto mientras yo bajaba la cabeza avergonzada de mirar al recepcionista. Entramos al cuarto y el tipo enseguida comenzó a besarme y a lamerme el cuello. Apretó la parte baja de mi cuerpo contra su órgano viril aún detrás del cierre. Sentí su pene duro. Nos sentamos en la cama y sus manos se metieron debajo de mi blusa, aflojándome el sostén de un tirón. Empezó a succionar mi busto y después a morderlo. No tardó en darse cuenta de que yo estaba sin estar. Podía sentir su saliva sobre mi piel, que permanecía eriza. Me acomodó como pudo para bajarme los pantalones. Sacó su pene erecto y se recostó sobre mí. En ese momento reaccioné pidiéndole que no siguiera. Él metió su mano por un lado del calzón para tocar mi vagina, que seguía seca. Con su fuerza bruta aniquiló sin piedad la de mis piernas, dejándome inmóvil. Sumida en dolor. Por ratos sentí como si yo dejara mi cuerpo y observara desde afuera sin poder hacer nada para salvarme. No sé si por temor a la justicia de los hombres o por misericordia divina, el tipo no siguió penetrando mi vientre. Encontró otra manera de vivir su fantasía, de saciar su instinto bestial.

Se puso de pie y me jaló bruscamente de la nuca para sentarme a la orilla de la cama mientras él se acomodaba. Jugaba con mi cabello y metía sus dedos sucios y ásperos en mi boca. Yo lloraba implorando que me dejara ir. Él simuló no escuchar mis súplicas y me jaló del pelo. Extendió mis labios a la fuerza introduciendo en mi boca su sexo, que alcanzó a cruzar la parte trasera de mi lengua. Empezó a moverlo de atrás hacia delante, cada vez más rápido, cada vez más fuerte. A ratos su ritmo me asfixiaba. Entonces él me dejaba tomar aire vaciando mi boca, pero solo para volverla a llenar. En una de tantas, el muy despiadado, no se detuvo hasta hacerse venir, atorándome el alma de asco. Después se apartó de mí para limpiarse con la manta y sacó de su bolsillo un billete de cien dólares que lanzó en la cama. Yo lo arrojé al piso y escupí su semen amargo. El dinero nunca fue parte de ningún trato. Jamás hicimos uno, pero rechazarlo no mermó el remordimiento ni la repulsión que sentí contra mi propio ser. El tipo se subió el cierre del pantalón. Se arregló la camisa, tomó sus llaves y salió apurado de la habitación dando un portazo por detrás.

Yo me encerré en el baño con mi cuerpo cubierto en una cobija blanca teñida de rojo. Me vi en el espejo casi sin mirarme. Crucé mis brazos y me senté en el suelo por no sé cuántas horas. Al levantarme, me lavé la boca con una toalla de mano que se manchó de sangre. Sentía aún las piernas adoloridas, y dejé caer la toalla y la cobija al suelo, soltando con ellas otro llanto incontrolable, lleno de autorreprobación. Me metí despacio a la ducha para dejar correr el agua tibia sobre mi cuerpo y, mirándola escurrirse por el drenaje, comencé a morir de pie.

.

30. En la sima del dolor

Desde el día de la violación sentí que algo dentro de mí había muerto. No me interesaba tener intimidad con nadie, hasta que conocí a Leti, una asistente de maestra y proveedora de servicios especiales para alumnos con discapacidades. Nos conocimos en una clase de Psicología donde ella asistía al profesor en un grupo de apoyo emocional. En un desahogo repentino al terminar la clase, le conté la horrible experiencia que yo había vivido. A partir de ese día comenzamos a salir y nos hicimos amigas. Algunos compañeros que la conocían de más tiempo me advirtieron que tuviera cuidado, que Leti era muy misteriosa, que a veces no parecía ser la misma persona. Pero no les presté mucha atención porque ella se mostraba muy comprensiva y cariñosa conmigo, al punto que terminamos involucrándonos emocionalmente. Sin embargo, al poco tiempo de nuestra relación comenzó a actuar de forma extraña y complicada. Una tarde que fui a buscarla al trabajo sus colegas dijeron que se había desquiciado.

«Estaba muy alterada. Aventaba cosas al aire. Amenazaba con golpearnos si nos acercábamos a ella. No tuvimos más remedio que llamar a seguridad», comentaban conmocionados. Leti había sufrido una crisis nerviosa. Tuvieron que internarla en un hospital psiquiátrico para ponerla en tratamiento médico y observarla por setenta y dos horas, querían asegurarse de que no fuera un peligro para otros o contra sí misma. La noticia me consternó, y la impresión que me llevé al ver su reacción en el hospital fue peor. «¿Por qué me trajeron aquí si este lugar es para locos?», preguntaba constantemente cuando fui a verla. Ella no quería que su familia se enterara ni la viera así, en particular su hija, que era más o menos de mi edad y no tardaba en llegar a visitarla.

Leti había sufrido mucho en su adolescencia. En un momento de catarsis contó que su papá, bajo los efectos del alcohol, la violaba casi a diario, mientras su mamá trabajaba largas horas para sacar a su familia adelante. La amenazaba con golpear a sus hermanas si ella rehusaba a estar con él o se quejaba a su madre. Ella se culpaba de haber despertado el deseo sexual en su padre, algo que él mismo le metió en la cabeza acusándola de «golfa» en cada encuentro. El recuerdo de esos días miserables seguía atormentándola. Me llevaba veinte veranos, pero su corazón no había visto el sol, lo nublaba una montaña inmensa de odio y rencor.

Cuando llegó su hija al hospital, esta comenzó a recalcarle las veces que le insistió en que buscara ayuda profesional para que no terminara en un lugar como ese. Leti volteó a verme y me pidió que fuera a su casa a buscarle ropa interior y un cortaúñas. No entendí por qué no se lo pidió a alguna enfermera, pero preferí no alterarla más con mis cuestionamientos. Incluso pensé que a lo mejor fue una excusa que encontró para hacerme marchar y que no escuchara la conversación con su hija. No volví hasta el día siguiente, rogando encontrar a Leti más tranquila.

—¿Trae algún objeto cortante? —preguntó el guardia de seguridad.

—Solo un cortaúñas pequeño que mi pareja me pidió —respondí.

—No puede entrar con eso, la paciente podría lastimarse. Métalo en esta bolsa plástica, puede recogerlo a la salida.

Seguí las instrucciones de seguridad y entré a ver a Leti. Ni bien me saludó preguntó a murmullos por el cortaúñas.

—En la entrada no me dejaron pasarlo —le contesté. Ella se molestó tanto que las pupilas parecían salirse de sus ojos y me aventó a la cara el vaso de cartón lleno de agua que sostenía en la mano.

—¡Estúpida! ¿Por qué les dijiste que lo traías?, no sirves para nada —comenzó a gritarme. Dos enfermeros trataron de contenerla para que no me golpeara. Su reacción me produjo tal desasosiego que salí precipitada del lugar.

Nunca la vi tan agresiva, aunque el marido de su mejor amigo una vez me confió que ella había agredido a sus parejas anteriores. «No sigas con Leti —me aconsejó con voz paternal—, está enferma y remata con su novia en turno. No me gusta ver cómo te maltrata, un día acabará golpeándote a ti también». Su advertencia me dejó pensando, pero igual acabé por justificar los arrebatos de Leti. Es cierto que alzaba la voz cuando se molestaba y no medía el impacto de sus palabras, pero hasta ese momento no había tratado de atizarme. Claro que se cayó la venda de mis ojos cuando se violentó en el hospital. No volví a visitarla ni le pregunté más a sus amigos por ella; sin embargo, Leti me contactó por teléfono tan pronto la dieron de alta.

«Lamento mucho el mal rato que te hice pasar. Necesito hablar contigo para explicarte lo que pasó. ¿Podemos cenar? Esteban y Michael vendrán con nosotras», me aseguró. El hecho de que sus amigos nos acompañarían me animó a aceptar. Además, yo necesitaba despejar las dudas que daban vueltas en mi mente sobre su comportamiento. Fuimos al restaurante favorito de uno de ellos, en West Hollywood. Ordenamos la comida intercambiando miradas entrecortadas. Un silencio ex-

traño invadió la mesa. Me armé de valor y pregunté sin
ningún preámbulo:

—¿De qué querías hablar, Leti? ¿Qué pasó contigo?
—le pregunté sin recibir respuesta inmediata.

—¿Sabes qué es un desorden de temperamento?
—contestó Michael por ella.

—Algo he aprendido de eso en mi clase de Psicología —contesté.

—Fui diagnosticada bipolar —interrumpió Leti—. Si
no tomo mi medicina por varios días, no soy yo misma.

Continué escuchando a medias lo que decían. Se
turnaban para explicar qué significa ser bipolar y cómo
le afectaba a Leti el no seguir las instrucciones de su
médico. Mientras ellos hablaban, comencé a atar cabos
sobre lo anómalo que era el ánimo voluble de Leti. A
veces, cuando hablábamos por la mañana, estaba alegre
y surgía con una larga lista de actividades para realizar.
Por la tarde se deprimía y carecía de energía para hacer
cualquier cosa. Algunos días hablaba con ternura por
teléfono durante horas, otros, se irritaba con facilidad.
Alzaba la voz y colgaba. A veces desaparecía por una
semana completa. Su excusa al reaparecer era que había
estado indispuesta. Cuando Leti terminó de hablar, la
miré con una lástima que tenía que ver tanto conmigo
como con ella.

Caí en la cuenta de que nuestra relación era enfermiza. Pensé en cuántas veces hicimos el amor sin amarnos
y que su maltrato me dolió menos que la soledad. Querer rescatar a Leti de su pasado amargo con mi afecto y
estoicismo era solo un pretexto para no enfrentar el mío.
Mi autoestima había sucumbido a lo más bajo. Sentí que
perdía el control de mis emociones, de mis pensamientos y de mi vida. En medio del infierno que viví con Leti,
me di cuenta de que, en realidad, mi agonía interior había estado triturándome la autoestima de forma incons-

ciente desde que yo apenas era una niña. Quizá comenzó desde aquel día en la piscina que un pariente abusó
de mí y me hizo pedazos la confianza. Tal vez empezó
aquella tarde que escuché a mi tía hablar con despre-
cio de la niña intersexual y los hombres homosexuales.
Esa misma agonía continuó cuando adormecí mis sentimientos por la profesora de Química y otros amores,
tragándome el cuento de que mi atracción física por las
mujeres reflejaba una enfermedad mental.

Era una lucha que siguió embotándome el ánima
al escuchar hasta el cansancio en boca de Minerva que
amarnos era pecado, y sentir el castigo de su vil enga-
ño. La misma lucha que me llevó al motel donde aquel
hombre anónimo aprovechó un momento de debilidad
y usó su fuerza para satisfacer con mi cuerpo las ganas
del suyo. Una lucha que rebalsó el límite de mi fortaleza
después de sentir el dolor que le causé a mi madre, porque ella no podía o no sabía cómo aceptar mi naturaleza
humana. Esa lucha que acabó cegándome al punto de
involucrarme con Leti. Cuando la conocí no pude ver su
mal porque para entonces yo también estaba enferma.
Fue más fácil permanecer sonámbula emocionalmente
en esa relación que enfrentarme sola con mi conciencia
y mis demonios.

Volví a prestar atención a nuestra charla y les conté a
sus amigos el incidente del hospital, cuando Leti intentó
agredirme.

—¿Quién ordenó pollo? —interrumpió el mesero.

—Yo —contestó Esteban.

En cuanto el mesero terminó de servir a cada uno su
comida, Michael pasó a otro tema, como si lo hablado
hubiese sido el plato de apertura y todos lo hubiéramos
digerido ya. Su evasiva me demostró que yo no tenía
nada más que hacer en ese lugar ni con Leti. Terminamos de comer y Leti se quedó conmigo al último en el

restaurante. Estaba furiosa.

—¿Por qué le contaste a Michael lo que pasó en el hospital? ¿Qué necesidad tenía de enterarse? —reclamó a gritos.

Me aterrorizó verla de nuevo en ese estado. Le advertí que todos la estaban viendo, que podrían encerrarla de nuevo si perdía los estribos y me lastimaba.

—Aún no estás bien del todo, Leti. Busca ayuda profesional. Yo trataré de hacer lo mismo —le dije alejándome de su lado.

Fue la última vez que cruzamos camino, pero aquella noche triste, en mi cuarto, pensé en ella y en la culpa que le hurtó años a su vida. Quizá porque un sentimiento de culpa y de impotencia para cambiar mi suerte ahora me arrebataba a mí la vida a cada respiro. Los pocos años que había cumplido pesaban siglos. Cada minuto me alejaba más de mis propias emociones, hasta casi sentir solo mi cuerpo. Entonces le pregunté a la muerte, rozando mi pecho con la punta del cuchillo: «¿Para qué quiero seguir viviendo, si ya soy tuya?».

Me respondió el silencio.

QUINTA PARTE

31. Ángeles sin alas

—Lupe… ayúdame. No quiero morir —dije llorando por el auricular.

—¿Qué pasa? Por favor, dime qué sucede. ¿Estás sola?

—No sé. Estoy encerrada en mi cuarto. Hay un cuchillo en mi mano.

—Espera. No hagas nada. Háblame. ¿Por qué tienes un cuchillo en la mano?

—Estoy muy triste. Muy sola. No puedo dejar de llorar.

—Me he sentido igual que tú muchas veces. Tatiana también. Nosotras podemos ayudarte.

—Nadie puede ayudarme. Estoy cansada de luchar.

—¿De luchar contra qué? ¿Contra quién?

—Contra todo. Me duele todo.

—Vamos para allá. No cuelgues. Sigue hablando conmigo, Tatiana conducirá el auto.

—No sé si puedo esperar, sufro mucho.

—¿Pasó algo hoy que te hizo sentir así? ¿Has hablado con alguien más?

—Me ha pasado de todo. Llevo días sin hablar con nadie. Me siento muy triste.

—Cuéntame por qué estás triste.

Empecé a desahogarme como jamás lo había hecho con nadie, ni siquiera con Leti cuando le conté lo de la violación. Lupe escuchaba una experiencia lastimosa tras otra, era lo único que yo recordaba en ese momento. Las memorias hermosas de mi niñez y mi adolescencia habían desaparecido de mi mente de forma inexplicable. Mis pensamientos salían desordenados, algunos a medias. Los pesares reprimidos a lo largo de mi vida, sin percatarme, se habían acumulado y aumentaron de tamaño en mi mente y mi corazón. Aquella noche triste lograron superar mi razón y mi fuerza. Hedían como un desagüe de males rezagados que de pronto se destapaban sin poder evitarlo.

Por fortuna, Lupe y Tatiana llegaron a tiempo.

«¡Bendito sea Dios!», dicen mis hermanas adoptivas, sintiendo cada pedazo de mi agonía. Les digo que ellas vivían a unas veinte millas de ahí, pero conversar con Lupe por teléfono me entretuvo. Sentí como si descargara un costal de piedras sobre mi espalda. Las dejé entrar por la puerta de atrás. Míriam había salido. Eso me alivió porque yo seguía empeñada en que no me viera en ese estado. Mis amigas me abrazaron con fuerza. «Ya no estás sola, cariño», me consolaba Tatiana. «Vas a estar bien», repetía Lupe a cada rato, igual que me decía Robert en mi adolescencia cuando por poco me saco un ojo con aquel clavo sarroso, solo que ahora lo que casi me arranco era el corazón.

Nos encerramos en mi cuarto para tratar mi mal. Lupe sacó de su bolso un frasco café oscuro sin nombre ni receta, y lo destapó. La tapa en el lado interior servía de gotero. «Trae un vaso con agua», me indicó. Dejó caer unas gotas en el vaso y meneó el agua con una cuchara pequeña. «Bébelo todo. Te sentirás mejor», me aseguraba. Nunca me gustaron las medicinas. Desde pequeña lo más que tomaba era un café amargo con limón para cortarme la gripe, solo que ahora no tenía nada que perder. Algo extraño sucedió cuando bebí el agua con las gotitas que Lupe le puso: sentí la cabeza relajada, liviana. Los recuerdos pesarosos dejaron de atormentarme. Paré de llorar. Recobré algo de energía. Ya no sentía tanta impotencia. Esa leve mejoría me dio un poco de esperanza, que significaba mucho, porque minutos antes no esperaba ya nada.

Me di cuenta de que sí podía hacer algo para aminorar mi tristeza. «Es posible que hayas padecido un desequilibrio químico y eso causó que te deprimieras —me explicó Lupe—. Algunas personas necesitan tomar medicina para recuperarse. Si sigues estudiando Psicología, entenderás mejor de qué te hablo». Lupe llevaba años siendo consejera para personas en rehabilitación de drogas y alcohol. Había tomado cursos de Psicología y seguía apoyando a su pareja, que padecía de esquizofrenia. Sabía vasto sobre desórdenes de temperamento, a los que cualquiera estamos expuestos a desarrollar si no tratamos los síntomas a tiempo. Se quedaron varias horas conmigo para asegurarse de que estuviera más tranquila y me dejaron el frasco por si volvía a necesitar las gotitas.

No recuerdo el nombre de lo que me dieron, creo que ni les pregunté. Mencionaron que se trataba de un remedio natural y me conformé con sentir que funcionaba. «Cada vez que te deprimas, mezcla cinco gotas con ocho onzas de agua y llámame para platicar», me dijo Lupe antes de irse. Acababan de descansarla en el trabajo, por lo que del colegio se iba directa a su casa para cuidar de Tatiana. Fue muy generosa por ofrecerme su tiempo, su apoyo. Jamás me sentí juzgada por ella. En varias ocasiones me repitió que había pasado por una experiencia similar a la mía. Eso me dio la pauta de que yo podría levantarme de esta caída emocional.

«Esa mujer te salvó la vida», aseguran con toda razón mis hermanas adoptivas. Tres días después recibí carta de una escuela en la que yo había aplicado para trabajar como asistente de maestra. Me ofrecían la posición de medio tiempo por nueve dólares la hora. El poco dinero al menos alcanzaría para solventar el alquiler de mi cuarto y los libros para un par de clases en el colegio. Al salir del trabajo muchas veces me ganó de nuevo la tristeza. Recuerdo que cruzaba los brazos, abrazándome a mí misma, y con los ojos mojados repetía en mi mente: «Vas a estar bien, Laurita. Un día a la vez, como dice Lupe. Ten paciencia. Tu alegría volverá. ¡Te quiero mucho, Laurita!». Así, como a una niña frágil y muy querida me animaba yo sola. Tan pronto llegaba a mi cuarto, ponía las gotitas del remedio en el vaso con agua, lo bebía y llamaba a Lupe.

32. *Anita*

Comencé a reconstruir mi vida paso a paso, con el apoyo emocional de gente buena. Mientras trabajaba como asistente de maestra y estudiaba en el colegio, conocí a Anita. Era una señora de espíritu jovial y altruista. Su ejemplo de resiliencia me despertó otra vez la fe en mi porvenir.

Ella caminaba con una sonrisa desbordante. Me recordaba el optimismo infinito de mamá en su manera de enfrentar las dificultades, aunque, en el caso de Anita, mi amiga apenas se recuperaba de un pasado muy doloroso. Se había separado de su esposo, un hombre poco mayor que ella. Ningún otro varón había entrado en su alcoba, ni le había coqueteado al oído con promesas bonitas, ni le había roto la ilusión. Se casaron siendo Anita aún menor de edad. Inocente. Por dos décadas la maltrató con golpes, infidelidades y menosprecios que le aplastaron la autoestima al punto de creer que sin él su vida valía nada.

Anita contaba que el abuso comenzó a días de haberse casado. Las primeras veces él le pedía perdón llorando por haberla golpeado en un arranque de celos. Le prometía no volver a levantarle la mano ni gritarle si ella no lo provocaba, haciéndola sentirse culpable de causar sus abruptas explosiones. Entonces, se reconciliaban y ella se hacía más sumisa y condescendiente con él. Pero nada que hiciera para complacerlo lo satisfacía, y su violencia escaló a niveles indescriptibles. Ella no se atrevía a dejarlo porque no se sentía capaz de enfrentar el mundo sola. Su esposo nunca le permitió estudiar ni que aprendiera un oficio, convirtiéndola en un ave enjaulada que dependía enteramente de él para sobrevivir. Además, Anita temía que él cumpliera las amenazas de matarla o de lastimar a sus hijos si lo abandonaba.

—¿Cómo es posible? ¿Estás hablando de la misma señora alegre que nos presentaste en un seminario? —preguntan sorprendidas mis hermanas adoptivas.

—Sí, esa misma.

Una parte de su historia me hacía pensar mucho en mi relación enfermiza con Leti, cuando ella se molestaba conmigo y acababa insultándome a gritos. Luego me pedía disculpas, acusándome al mismo tiempo de hacerla enfadar. Por fortuna, yo me aparté de ella antes de que se atreviera a ponerme una mano encima. En el caso de Anita, un día las amenazas y chantajes emocionales de su victimario también perdieron efecto. Encontró el valor y el apoyo necesarios para dejarlo antes de que él volviera a golpearla y, quizá, terminara matándola.

Cuando nos conocimos, Anita estudiaba y trabajaba para sacar adelante a sus tres retoños. Al salir del colegio se iba a unas bodegas para cumplir con su turno como empacadora de lo que fuera. Le pagaban el mínimo, y aun así ella realizaba su labor con mucho ímpetu, como si estuviera haciéndose millonaria, y es que de cierta forma lo era: sus hijos significaban su mayor tesoro. No sé de dónde sacaba fuerzas, pero ver su lucha era como ver de nuevo la tenacidad de mi madre cuando yo era pequeña. Mamá aprendía a hacer cualquier cosa para darnos de comer y pagar el colegio de sus cinco hijos cada vez que papá enfermaba o se quedaba sin trabajo, o surgía alguna emergencia, o cuando ella misma impulsó a mi viejo a estudiar en la universidad y, durante su tesis, él no trabajó. Seguido nos repetía cuán importante era sacar una carrera universitaria y aprender un oficio para conseguir un buen trabajo y no depender de ninguna pareja. Sus consejos cobraban valor en mi mente al presenciar la ardua odisea que ahora Anita vivía a diario, al igual que su sed infinita de recuperar el tiempo perdido con su esposo.

Se hizo voluntaria en una organización contra la violencia doméstica para desarrollar nuevas destrezas y mejorar su vida. Ahí también apoyaba a otras víctimas de maltrato y violación por extraños o familiares, o por sus maridos, que se creían con derecho de forzarlas a tener relaciones sexuales, aun cuando ellas se sintieran indispuestas. Nuestras charlas sobre estos incidentes me recordaban el abuso sexual que padecí de niña y el otro en mi juventud, y tantas historias de incesto que supe en la adolescencia durante mi apostolado con las monjas.

Yo no comprendía que quienes hemos padecido abusos al principio tendemos a sentirnos culpables de haberlos causado, cuando, por el contrario, nuestro cuerpo y alma han sido ultrajados por el agresor. Pero yo necesitaba aprender a perdonar a mis victimarios, no por ellos, sino por mi propia sanación. No es un proceso fácil para ninguno que ha sido lastimado de esta vil manera, pero nadie mejor que Anita para comprender y brindar consuelo. Ella lo había padecido todo y logró rescatarse de una relación destructiva. Hasta arriesgaba la vida buscando de puerta en puerta a otras mujeres de las que habían abusado para educarlas sobre sus derechos y convencerlas de buscar ayuda lo antes posible.

Con el tiempo le ofrecieron una plaza fija en la organización. ¡Estaba feliz! Se trataba del trabajo que tanto quería. Fuimos a celebrar y ella terminó pagando la comida. Era tan generosa que algunas veces me ayudó a ajustar el costo de algún almuerzo para mí. «No tenga pena, Laurita, la invito a unas pupusas. Quién sabe si algún día quizá sea yo la que necesite que alguien me comparta un pedazo de pan o que le dé de comer a uno de mis hijos», me decía con una sonrisa franca y un fuerte brillo en sus ojos redondos. Yo la miraba, sintiendo que las oraciones de mi madre me bendecían desde lejos al poner en mi camino gente bondadosa como Anita.

Más adelante, ella comenzó a pintar rostros y paisajes como una forma de terapia. Se reunía por las tardes con otras amigas en el garaje de alguna de ellas para expresar sus emociones sobre una plataforma blanca. Pronto compartió esta experiencia en la organización, que para entonces había expandido sus servicios por todo el país. Incorporaron la visión de Anita de usar brochas, colores y canvas para dejar que hablara el corazón. Con pinceladas de sabiduría y su ejemplo de superación, Anita motivaba a otras mujeres a romper las cadenas del abuso. Las guiaba para restaurar su autoestima y rediseñar su camino de forma digna, valiéndose por sí solas. Mi amiga se graduó en el Colegio Comunitario de Los Ángeles y fue reconocida a nivel local y estatal como defensora de los derechos de la mujer. Más adelante la invitarían a compartir su testimonio en una conferencia internacional para sobrevivientes de violencia doméstica en Madrid. Su crecimiento y su triunfo me dejaron claro que cualquiera puede pasar una mala racha; que nada gano con lamentarme por algo del pasado que no puedo borrar ni enmendar; que, si Anita pudo rehacer su vida, yo podría hacer lo mismo con la mía.

33. LA Shanti y el virus

Ayudando a personas que padecían de una enfermedad encontré la cura para mi propio mal. Les cuento a mis hermanas adoptivas que gracias a Anita llegué
a un lugar donde educaban sobre el VIH. Muchas de
sus clientas que padecieron abuso sexual contrajeron el
virus de esa manera. Incluso yo pude haberlo contraído
cuando me violaron.

En ese entonces yo ignoraba que el VIH causa el
sida si no se trata a tiempo. Había escuchado esa palabra de cuatro letras un par de veces. Una cuando en
Guatemala se rumoraba el mito de que un actor estadounidense muy famoso había muerto de este mal porque era homosexual. Esa misma ignorancia me hizo te-
mer a mis diecisiete años que, por ser lesbiana, tarde o
temprano yo también moriría de sida como un castigo
de Dios. Muchos años después, un compañero de clase
en la facultad Colegio Comunitario de Los Ángeles que
fue diagnosticado con sida falleció. Así, de repente. Su
muerte siendo tan joven me causó tristeza y también me
espantó. Me dio por leer sobre el VIH y, cuando supe
que la comunidad se infectaba con este virus rápida-
mente como un bosque incendiado, no pude quedarme
cruzada de brazos. No sabía qué hacer, pero Anita me
refirió a LA Shanti.

En esa organización no lucrativa apoyaban a personas que vivían con VIH o con sida y también entrenaban
a voluntarios que querían unirse a la causa contra esta
epidemia. Desde que llegué por primera vez sentí como

si hubiese encontrado el anillo perfecto para mi dedo. Shanti en sánscrito quiere decir «paz interior a través de un mejor entendimiento». En ese lugar descubrí que, para ayudar a otros, primero necesitaba entenderme yo misma y sacudirme ese polvo de confusión y sufrimiento que llevaba por dentro y me arrebataba la paz.

LA Shanti practicaba un modelo de presencia compasiva que me ayudó a verme en el espejo de mi conciencia. Fue como tomar una radiografía de mi alma. Ver de cerca mis sombras me dolía muy profundo, pero era mi responsabilidad —y de nadie más— hacer algo para cambiar. Como cuando noté que yo no sabía decir «no puedo» o «no quiero» y me comprometía, aunque significara un sacrificio para mí. Me dejaba influenciar por la filosofía de mártir que me inculcaron las hermanitas de la caridad, ese idealismo de priorizar las necesidades de los demás —así arriesgara mi salud—. Después, me enojaba conmigo misma si quedaba mal o me resentía si alguien sacaba ventaja de mí y terminaba decepcionándome de medio mundo. No reparaba en que yo daba lugar a que las cosas pasaran por no saber poner límites.

Tampoco me gustaba entrar en conflictos con ninguno. Desde la adolescencia, cuando Robert se violentaba en casa y notamos que al no contradecirlo él se calmaba, inconscientemente desarrollé esa tendencia enfermiza de darle la razón a la gente, así me pareciera descabellado lo que dijeran. También evadía a las personas que censuraban mi orientación sexual, porque me dolía su reprobación y su rechazo. El modelo de LA Shanti me ayudó a trabajar en todo esto y fui desarrollando el hábito de decir de manera asertiva lo que pienso y de honrar lo que siento. Esto me ha ayudado a formar relaciones sólidas, más saludables y auténticas.

Entre otras cosas, aprendí a escuchar a las personas con empatía. Trataba de ponerme en sus zapatos para comprenderlas mejor sin tomarme sus reacciones como algo personal. Escuchaba atentamente sus miedos e incertidumbres, sus alegrías y congojas, sus resentimientos y el amor que eran capaces de sentir. No intentaba resolverles la vida, como hacía antes, que ni bien terminaba alguien de contar su problema, ya le presentaba un menú de consejos esperando aminorar su angustia. Comprendí que cada persona posee la capacidad de solucionar sus conflictos. Que ayudamos más a otros si les hacemos preguntas que los ayuden a aclarar sus ideas y a decidir por sí solos lo que necesitan hacer. Un día caí en la cuenta de que mi amiga Lupe había aplicado esta técnica conmigo cuando me ayudó a divisar destellos de optimismo en medio del diluvio más sombrío de mi vida.

Los entrenamientos de LA Shanti me prepararon para facilitar grupos de apoyo emocional. Como aún no existían grupos en español, acepté uno en inglés para siete hombres blancos que eran gais. Nos reuníamos todos los martes a las siete de la tarde. En nuestro primer encuentro recordé el reportaje que vimos con mi tía cuando yo era una adolescente. Uno donde separaban a los hombres de sus parejas para encerrarlos en un hospital siquiátrico. Mi tía había condenado tanto a los hombres gais, que me alivió escuchar a los participantes hablar de sus vidas, sus carreras y sus amores como lo hacía cualquier otra persona.

Expresaban su dolor y sus aflicciones. Había un cliente que guardaba sentimientos encontrados. Lo enorgullecía poder comprarse lo que quisiera en una tienda sin importarle el precio. Por un instante, anhelé gozar de su éxito económico. Pero este anhelo se desvaneció cuando dijo con profundo lamento y su voz compungida que ni sumando todo su dinero podía devolverle la vida a su amado. Se nos aguaron los ojos a todos al escucharlo.

Otro muchacho compartió su tristeza y enojo contra su madre y hermanos porque le negaban la visita a su papá moribundo, convencidos de que ver a su hijo gay podía matarlo más rápido. En alguna ocasión temí que mis hermanos pudieran hacerme lo mismo si algo llegaba a pasarles a mis padres. Gracias a estas historias entendí que mi tía estaba equivocada, que no tiene nada de malo enamorarnos de alguien del mismo género, que lo que sí es malo —y hace mucho daño— es la homofobia.

Los retos que afrontaban los integrantes del grupo eran abismales. Algunos perdieron a sus familias, que, al enterarse de que eran gais o de su diagnóstico de VIH, los rechazaron como si fueran una plaga. No querían ni tocarlos. Para colmo, a fines de los noventa, para evitar que el VIH les causara el sida, tenían que consumir un promedio de veinticuatro pastillas diarias —ocho con cada comida—. En horas de trabajo o en veladas con amigos se encerraban en el baño para ingerir tanta píldora sin que nadie se diera cuenta. Ocultaban su diagnóstico por la angustiosa posibilidad de que amigos y colegas, al enterarse, también los despreciaran, o que los supervisores en el trabajo los despidieran bajo cualquier pretexto. Vivían una pesadilla por los efectos adversos de los medicamentos. Sufrían diarreas, náuseas y deformación en sus cuerpos. Dos de ellos fueron discapacitados en sus trabajos. Otro jamás regresó al grupo después de que una cruel neumonía le asaltara los pulmones hasta matarlo. Su muerte me dolió como si se tratase de un familiar muy querido.

En algunas sesiones del grupo el aire pesaba más que de costumbre, especialmente cuando los clientes recordaban a sus parejas y amigos que perdieron la batalla contra el sida. Se preguntaban si ellos correrían mejor suerte, si las medicinas lograrían comprarles más tiempo de vida. Cada semana encontraban fortaleza en ese pequeño grupo donde soltaban sus miedos y no se sentían tan desamparados. Hablaban sabiéndose libres de cualquier prejuicio. Sin ellos saberlo, el conectarnos a ese nivel y darme cuenta de que mi oído les servía de aliciente para desahogarse y seguir luchando también me sirvió a mí como un antídoto contra la autocompasión y como autoperdón. Junto a ellos —y gracias a ellos— fueron sanando mi mente y mi espíritu.

Ese grupo me inspiraba a resucitar por completo a la persona positiva que era antes y que ya comenzaba a latir de nuevo en algún rincón de mi ser. A los dos años de ser voluntaria en LA Shanti, comencé a dirigir grupos en los seminarios y entrenamientos de fin de semana para hombres y mujeres de diferentes razas y comunidades. Impartía talleres sobre VIH y de autoayuda, y enseñaba el modelo de la organización a facilitadores novatos. Por fin me había reencontrado con mi espíritu de servicio y motivación.

—Tu experiencia en esa organización fue como volver a nacer —afirman mis hermanas adoptivas.

—Sin lugar a duda así fue —les contesto con armonía—. El modelo de presencia compasiva de LA Shanti me ayudó a comprender, a perdonar y a amarme a mí misma un poco más cada día. Aprendí a apreciar mis virtudes y mis carencias; mi éxito igual que mis desaciertos; mis sombras y mi luz. Mis heridas fueron sanando una a una. Y las cicatrices emocionales que dejaron me recordarían cada mañana que todos somos vulnerables en algún momento y que nadie puede ayudar a quien rehúsa ayudarse a sí mismo primero.

34. Me mandaron a la China

Seguía de voluntaria en LA Shanti cuando llegó la codiciada oportunidad de transferirme a la universidad. Yo trataba de sobrevivir con mi salario de medio tiempo siendo asistente de maestra. No tenía con qué pagar los primeros meses de estudio, pues aún no aprobaban un préstamo que solicité.

Lo único que poseía con algo de valor era mi Camry, un carrito Toyota modelo 87. Apenas comenzaba su pubertad: era amplio, atractivo y corría muy bien. Dentro de su cuerpo blanco guardaba una historia de heroísmo. En su baúl alcé por una temporada herramientas de mecánica con las que reparaba autos cuando faltaba trabajo por otro lado. En sus asientos transporté de un lugar a otro desde llantas, frenos, filtros de aceite y radiadores hasta motores de arranque que conseguía en los yonques, unos lugares llenos de carros chatarra.

«Me acuerdo perfectamente. En tu aventura como mecánica, queriendo cambiarle el motor de arranque a mi auto jalaste mal un cable, creo que todavía andabas aprendiendo», comenta una de mis hermanas adoptivas. Fue una de las primeras personas en confiarme su vehículo. Quiso ahorrarse dinero y ayudarme a mí a ganar algunos centavos, pero esa vez terminamos perdiendo las dos.

Tantas memorias de lucha por sobrevivir con mi Camry me hicieron encariñarme con este. Por eso lo conservaba incluso después de que unos ladronzuelos saquearan mis instrumentos de mecánica. Pero el hambre de superarme nos obligó a separarnos; mi carrito valía lo suficiente para sacarme del apuro en ese momento. Con el dinero que me dieron por él pagué mi primer trimestre en la Universidad de Los Ángeles (CSULA), cubrí el costo de algunos libros usados y dos meses de alquiler en un apartamento estudio de un edificio viejo. Tuve que mudarme ahí porque mi compañera de vivienda se fue a vivir con su pareja; yo no podía alquilar una casa completa ni necesitaba tanto espacio. Para transportarme de un lugar a otro compré un pase mensual del bus y una bicicleta medio chueca en la venta de cosas usadas en el patio de una casa. Abastecí la despensa de frijoles enlatados, bolsas de arroz y agua que adquirí en una tienda de noventa y nueve centavos. Me consolé con la promesa de comprarme un carro del año el día que me graduara, para premiar lo que en ese momento significó el sacrificio de despedirme de mi Camry.

Después de casi una década de incertidumbre mejoraría mi suerte. Para muchos de nosotros, los inmigrantes, ir a la universidad representa una lucha cuesta arriba. Es como subir a la montaña más alta de la colina y, una vez ahí, todavía queden otras colinas intrincadas por escalar. Por lo menos ya no estaría en el limbo por no tener una carrera universitaria ni me conformaría más con mala paga. Calificaba para alguna beca sencilla y un préstamo, pese a que el costo de la educación era un asalto contra la buena voluntad de cualquiera. Pero supuse que un título me permitiría luchar con dignidad, sin sentirme perseguida por querer mejorar mi condición de vida y motivar a otros a mejorar la suya.

La universidad sería otra odisea. Estudiar en inglés a ese nivel significaba un gran desafío. Siempre busqué a los profesores estrictos que otros alumnos evadían. Sabía que solo exigiéndome más de lo que podía dar, llegaría a crear la mejor versión posible de mí misma.

Me registré en la clase de Psicología con una profesora a quien le pedí que fuera mi mentora académica precisamente porque tenía altas expectativas de sus estudiantes. Desde el primer día nos advirtió que esperaba de nosotros tanto como sus maestros esperaron de ella. «Si no están dispuestos a esforzarse al máximo en esta clase, aún es tiempo de que elijan otro catedrático», nos dijo. No perdonaba ni las faltas ortográficas. Exigía que escribiéramos un reporte semanal, que casi siempre me devolvió para mejorar mi redacción. Yo obligaba mis dedos a teclear por horas hasta lograrlo, ya que para ella un buen contenido mal redactado era un esfuerzo mediocre que no merecía calificación.

Sin embargo, si miraba que un estudiante se esforzaba, le daba alas para volar muy lejos. Gracias a ella me mandaron a la China. Era uno de los países que quise conocer desde que leí en mi niñez La vuelta al mundo en ochenta días, de Julio Verne. Jamás imaginé que yo iría, ¡que caminaría!, por una de las siete maravillas del mundo, y mucho menos que lo lograría en circunstancias tan precarias de mi vida. Ese verano ofrecieron becas para asistir a la Conferencia Internacional Contra la Violencia en China. Calificaban para aplicar los alumnos que lograban buen rendimiento en sus clases, que asistían a un profesor en algún laboratorio de investigación y que contaban con el apoyo de un mentor académico. Yo cumplía todos los requisitos.

Esta experiencia fue reveladora para mí, que vivía en una burbuja; Guatemala y Estados Unidos no son los únicos países donde existen ricos bien ricos y pobres tan pobres, como yo creía. Había leído sobre las diferencias sociales y de género en otros países, pero presenciarlas las hizo más reales de lo que yo hubiese esperado. A nosotros, los turistas, en la China nos hospedaban en hoteles de cinco estrellas,

pero afuera de sus paredes encontrábamos niños des-
camisados, algunos drogándose o durmiendo en el
pavimento o vendiendo cualquier cosa por lo que
les dieran.

Los coordinadores del programa de becas organiza-
ron un tour para conocer lugares históricos. Fuimos a
las tumbas de Ming; no son tan discretas como las que
se ven en mi tierra natal y sus pueblos. Las de Ming son
enormes; los emperadores fueron enterrados allí con su
emperatriz y todas sus concubinas, que fueron obligadas a seguirlos a la otra vida. Al menos esa es la creencia
que nos contó el guía turístico. En lo que sí encontré alguna similitud fue en que los enterraban con oro, plata y
jade, por si llegaban a necesitarlo en el más allá. En Guatemala muchas personas entierran a sus seres queridos
con alguna cadena o un anillo de valor sentimental para
que, según ellos, no se vayan tan solos de esta tierra.

Visitamos la Ciudad Prohibida, edificada con madera fina, mármol y ladrillo. Guarda fiel los secretos más
íntimos de un emperador y su familia entera. La ciudad
fue cómplice de ceremonias importantes, encuentros
políticos y de lo que quedó después que cada persona
que pisó su suelo trascendiera de este mundo a lo desconocido. Contaba el guía turístico que nadie entraba ni
salía de esa ciudad si no era por la bendición del gran
Emperador. De nuevo, sobresalía la figura masculina
como el centro de todo el espacio donde camina, lo cual
no había cambiado tanto en tiempos modernos.

Les digo a mis hermanas adoptivas que en esa cultura la vida de las mujeres seguía siendo regida por la
ley de los hombres. Ellas trabajaban seis días a la semana y no conocían su tierra, ni siquiera los lugares que
los turistas frecuentaban. Confirmé que el machismo no
es algo exclusivo en mi país, el de la eterna primavera,
donde, irónicamente, aún en la actualidad hay hombres

que marchitan la libertad y la aleg
el abuso y el maltrato físico, económ

Por último, subí a la Gran Muralla
hace miles de años para protegerse de los
nómadas de otras culturas. En la subida, me
encontrarme con un camello. Le pedí a una se
me tomara una foto montada sobre este mamíf
Viejo Mundo. Quería estampar en mi memoria que,
en medio de la escasez, podemos alcanzar la riqueza
vivir nuestros sueños si aprovechamos las oportunidades que se presentan.

Gracias a las exigencias de catedráticos dedicados y comprometidos con sus estudiantes, y a mis esfuerzos, fui avanzando profesionalmente. Mejoré mi escritura en inglés y enriquecí mi experiencia de aprendizaje; dos importantes escalones que me facilitarían aspirar a otro más alto, como estudiar una maestría. También asimilé que la mediocridad inventa excusas para quedarse en su zona de confort; que el alumno que ansía instruirse encuentra al maestro calificado dispuesto a enseñarle y que, para llegar al cielo, uno debe apuntar ¡al universo!

ría de sus esposas con

ico y emocional.

hina, construida

ataques de los

impresionó

ñora que

ro del

aun

e

35. Vidas Positivas

La vida o el destino me llevaron a motivar a cientos de personas que vivían con miedo a la posibilidad de perecer. Pese a que yo avanzaba en la universidad y que tenía cuatro años siendo voluntaria en LA Shanti, al principio no me sentí preparada para este reto, pero mis mentores pensaron distinto. Había participado con ellos en un desfile del Orgullo Gay en la ciudad de West Hollywood, cuando el supervisor de los seminarios se acercó a preguntarme: «¿Por qué no aplicas para ser coordinadora de VIDAS Positivas?». Este era un seminario de educación y empoderamiento para la comunidad latina. A veces nos referíamos a él simplemente como VIDAS. Le prometí que lo pensaría, pero al final no apliqué. Él volvió a insistir diciendo que «la herramienta más importante para hacer este trabajo no se aprende ni se hereda, se nace con ella». No entendí a qué se refería y seguí renuente. La semana siguiente me llamó por teléfono la coordinadora del programa, una joven chilena que renunciaba para irse a Nueva York a estudiar una maestría.

—¿Qué tengo que hacer para convencerte de aplicar?

—¿Qué te hace creer que yo puedo hacer tu trabajo? —le pregunté.

—Tienes el corazón y la pasión necesarios para hacerlo. El resto se irá dando por sí solo, con la experiencia —me aseguró.

En septiembre del año 2000 pegué un papel amarillo tamaño carta en la pared de mi primer cubículo de oficina en Los Ángeles. En este dibujé un sol con una sonrisa en el centro y escribí con un marcador anaranjado: «Todo es posible cuando se hace con la fuerza del corazón». Me convertía en la nueva coordinadora de VIDAS Positivas.

«Cuando aceptaste el trabajo te sentías nerviosa y emocionada al mismo tiempo», comentan mis hermanas adoptivas, mientras recordamos juntas los detalles del seminario. VIDAS me regaló el privilegio de trabajar con voluntarios que revivían mis años de apostolado en Guatemala. Eran algo así como monjes sin hábito, llevaban la bondad y la compasión en sus venas. Renunciaban a sus fines de semana en la playa, en el cine o con su familia para dedicarse enteramente a servir. Nos embarcamos en una misión de amor que yo no hubiese podido cumplir sin su guía y su entrega. Fueron mis oídos, mis ojos, mis manos; vamos, el motor que impulsó VIDAS. Había aterrizado en la plataforma perfecta para dar rienda suelta a mi esencia como motivadora, igual que lo hice en mi juventud. Claro que el reto no tenía comparación. Antes de cumplir veinte años yo motivaba a otros de mi edad con un gran porvenir. En cambio, a mis treinta me tocaría motivar a gente de diferentes edades, algunos con un diagnóstico mortal pisándoles los talones.

«Le quedan de seis meses a dos años de vida», le confirmaba el médico de cabecera al paciente después de darle un diagnóstico de VIH o de sida. Algunas personas que venían a VIDAS se preguntaban si había forma de controlar su enfermedad; otras aceptaron el pronóstico mortal del médico, y anhelaban ponerse en paz con la vida y asegurarse de que sus hijos no quedaran desamparados cuando ellos murieran. Algunos que recibieron la noticia del diagnóstico en su país de origen, desesperados por salvarse, emigraron a Los Ángeles con la esperanza de acceder a medicamentos. No contaban con el otro lado de la moneda: las penalidades que afligen a un indocumentado. Muchos ya ni buscaban ayuda por temor a ser maltratados o que los deportaran; varios de ellos no sobrevivieron. Quienes llegaron a VIDAS aprendieron técnicas prácticas para vivir. Fueron conectados a recursos públicos que les proveyeron la medicina y el subsidio necesarios hasta que su salud mejoró y retomaron el control de su navío consiguiendo algún trabajo.

El primer día en el seminario los participantes no dejaban de sorprenderse. Conocían a otras personas parecidas a ellos y a algunas muy diferentes, pero que andaban en la misma situación. Llegaban jóvenes, gente mayor y de edad media; hombres, mujeres y personas transgénero. No importaba si se sentían sexualmente atraídos a personas del mismo género o del género opuesto o ambos; ni de qué país vinieran; si eran ladinos, mulatos o indígenas; si tenían la piel blanca u oscura; si gozaban de un buen trabajo, si ganaban el mínimo o si acababan de cruzar la frontera. Casi todos, si no es que todos, andaban asustados, deprimidos, sin saber qué hacer ni qué esperar.

VIDAS nos brindó a mí y a los voluntarios el gozo de devolverle a la gente la esperanza de vivir y, a su vez, yo aprendía de otros y seguía sanando mis heridas. Un chico homosexual compartió que en el seminario había aprendido a perdonar las burlas que sufrió en su niñez. Su padrastro lo obligaba a ponerse vestido y le exigía que caminara en los zapatos de tacón de sus hermanas. Si se caía, le pegaba en las piernas con un cincho mientras le gritaba maricón. Su historia me hacía recordar a la terapeuta a la que me enviaron mis padres cada martes durante mi adolescencia, con la ilusión de hacerme

afeminar mis modos toscos. Su cuestionamiento inva-
sivo me hacía sentir que yo era una jovencita enferma
o medio loca. Menos mal, aunque mis viejos muchas
veces me castigaron o me dieron con un cinto si me portaba mal, nunca lo hicieron para cambiar mis modos,
contrario a los padres del chico del seminario. Él le guardaba rencor a su mamá porque nunca lo protegió de su
padrastro. Nos contó que ella lo castigaba dejándolo sin
comer para ver si así se le quitaba lo amanerado. En el
transcurso del seminario el chico comenzó a liberarse de
tanto odio. Cada vez que el deseo de maldecir a su madre lo invadía, él le enviaba bendiciones, y con cada lá-
grima derramada, lavaba en su mente sus ofensas. Contó que ella había enfermado de gravedad y que él no la
visitaba desde su adolescencia, cuando huyó de su casa
para escapar del maltrato. Ahora, desde el seminario,
abrazaba a su madre con el pensamiento, deseándole la
misma paz que desesperadamente anhelaba encontrar
para él mismo.

«Fueron vivencias únicas… muy transformadoras».
Recuerda una de mis hermanas adoptivas, que volvía
a vivirlas conmigo, pues varias veces me asistió como
voluntaria. Gracias a VIDAS también conocí un grupo
de mujeres transgénero. Nos encontramos en Bienestar
Human Services, la primera organización en brindar
servicios en español a la comunidad lesbiana, gay, bi-
sexual y transgénero (LGBT) en Los Ángeles. Fui a invi-
tarlas para que asistieran al seminario. Al final, ellas me
enseñarían a ver el mundo desde un cristal que necesita
ser más ecuánime y humano. Cuando llegaron a VIDAS,
compartieron sus inquietudes, sus sueños y sus retos.
Incluso confesaron que al principio temían que los participantes las rechazaran. Su miedo se debía a la forma
denigrante en que desde siempre la sociedad las había
juzgado. Algunas contaban que, debido a su apariencia,

en muchos lugares se negaban a contratarlas con cualquier excusa. Muchas veces los gerentes de edificios con cuartos para alquilar inventaban algún pretexto para no darles un apartamento a ellas. Esta situación las obligaba a deambular por las calles sin vivienda. Una de ellas comentó que su mejor amiga, solo por el hecho de ser mujer transgénero, había sido golpeada por un desconocido hasta quedar inconsciente. Cuando su amiga reaccionó, estaba tirada en una calle solitaria, con las heridas aún frescas y su ropa manchada de rojo. El tipo le había robado hasta el bolso. Enterarme de estos abusos y actos transfóbicos le sigue provocando náuseas a mi espíritu. Admirábamos que, pese a tantas ofensas, las chicas que conocimos no buscaban tomar represalias, solo querían sentirse respetadas y libres de vivir su vida como cualquier otro ser humano.

Al igual que ellas, otros participantes fueron sanando sus heridas. No se habían visto antes y quizá ni hubiesen convivido en otras circunstancias, pero en VI-DAS formaban una nueva familia. Se desahogaban entre ellos y aprendían unos de otros, humanizándose a niveles inimaginables. Recuerdo a un muchacho en su veintena, recién llegado de México, que encontró valor para compartir su situación en voz alta. Lo afligía tener VIH, pero más lo atormentaba un sentimiento de culpa por haberle transmitido el virus a su esposa. Ella recibió su diagnóstico de VIH meses después de haber dado a luz, en el mismo momento en que el médico le informó que su hijo había nacido con el virus. El joven no se arriesgó a traerlos «mojados», es decir, cruzando el río, ni los hizo atravesar el desierto, pues podían quedarse a medio camino con el muchachito en brazos. Pero al año siguiente regresó a VIDAS. Su esposa y su hijo llegaron con él. Un participante que escuchó su historia en el seminario realizado en diciembre del año anterior, de

regalo de Navidad, los ayudó a inmigrar en forma segura. Milagros como este me mostraban la grandeza de la
caridad humana y me alentaban a seguir coordinando
¡VIDAS!

36. Llueve bajo techo

Yo planeaba VIDAS Positivas mientras seguía viviendo en un apartamento viejo y hediondo. Me daban
pena aquellas paredes húmedas. Descoloridas. Con las
ventanas atrancadas de tan viejas y las cucarachas caminando por doquier como dueñas de su casa. Me ahogaba el hedor a meados en la alfombra del cuarto y del
pasillo.

Un viernes por la noche exploté de asco. Había tenido una jornada de doce horas ultimando detalles para el
seminario que comenzaba el sábado en la mañana. Estaba muerta de cansancio y anhelaba tirarme en la cama a
dormir. Cuál sería mi sorpresa cuando, al abrir la puerta
del apartamento, me encuentro con los muebles empa-
pados de agua inmunda. Busqué al gerente del edificio,
quien me explicó muy apenado que esa mañana cerraron el agua para arreglar la fuga en una de las tuberías
rotas. Al parecer, el inquilino que vivía en el tercer piso,
justo encima de mí, no cerró las llaves de la bañera ni las
del lavatrastos antes de salir. Cuando abrieron el agua,
esta inundó su apartamento, logrando colarse por el techo, de donde aún goteaba sobre mis cosas.

—Deberías haber demandado a los dueños del edificio —interrumpen mis hermanas adoptivas.

—Al menos no pudieron obligarme a honrar el
contrato de un año y me mudé el lunes siguiente —les
contesto—. Dos amigos de una iglesia me ayudaron a
trasladar las pocas cosas salvables a una bodega y me
dieron posada en su casa por una temporada. Ese fin de

semana dormí en la inmundicia, y pronto andaría otra vez de arrimada, mientras en VIDAS todos pensaban que mi vida transcurría sin ninguna contrariedad.

Les cuento que por fortuna un mes más tarde mi supervisor aceptó otra posición y a mí me promovieron a su puesto. Me tocaría supervisar los seminarios en inglés y en español. Con la promoción recibí un aumento de salario que me cayó como lluvia en tiempo de sequía. Pude juntar para el depósito de un apartamento estudio a pocos minutos del trabajo. El edificio era menos viejo que el anterior y estaba limpio. La ventana de mi cocina tenía vista al hermoso observatorio, entre las montañas; me hacía sentir que mi nuevo hogar colindaba con el arte y la naturaleza. Ese mismo año me gradué de la universidad con una licenciatura en Psicología y, como regalo, cumplí la promesa que me hice tiempo atrás de comprarme a plazos un carro del año. Me sentía agradecida por estas bendiciones y feliz de trabajar haciendo una diferencia positiva en la vida de los demás.

Por esas fechas también me reunía cada mes con líderes comunitarios para planear una conferencia en español de Alianza, la coalición latina de VIH y sida en Los Ángeles. Había aceptado ser copresidenta lo que desafiaría mi cordura y tonificaría mis habilidades de liderazgo. Teníamos que supervisar trece comités, ayudar a recaudar miles de dólares y mediar entre los intereses de algunos grupos. Parecía que tuviéramos un segundo empleo, sin devengar un salario. Aunque las organizaciones que representábamos nos permitían asistir a la junta mensual de planeamiento en horas de trabajo, la mayor parte de nuestro tiempo y nuestras ideas eran donados.

Mi compañero de liderazgo y yo buscamos a varios de los líderes anteriores para aprender de sus victorias y sus desaciertos, y para hacer algo distinto. Nos bendijeron con su apoyo y consejo. Ese año la coalición creó el reconocimiento Héroes de la Comunidad, con la intención de exaltar la labor de algunos hombres, mujeres y personas transgénero que llevaban años contribuyendo a la causa sin ser reconocidos. Incluir a personas transgénero era particularmente importante porque se trataba de una comunidad olvidada y, a quienes formábamos parte del comité, nos unía la ilusión de crear una sociedad más inclusiva y humana.

Todos poníamos nuestro granito de arena, pero la responsabilidad de liderar el comité era enorme. Un sábado por la tarde me vencieron las ganas de llorar de tanto estrés. Faltaba menos de un mes para la conferencia y todavía no ajustábamos el pago del hotel, donde recibiríamos a casi mil personas registradas. Varias entidades prometieron verbalmente su apoyo financiero, pero las palabras tienen alas y vuelan lejos, no son garantía de nada. Una de las integrantes, dueña de un club de baile los domingos por la noche, nos invitó a promover ahí el evento. Nos dejó que pasáramos entre la gente unas cajitas selladas, como esas que usan los que se visten de Santa Claus en época navideña, para pedir de persona en persona que donaran lo que les dictara su corazón. Recogimos lo suficiente para concluir que hacer eso los domingos no resolvería mucho. Anduvimos angustiados, hasta que la agencia fiscal reportó que por fin habían llegado las donaciones prometidas. Logramos cubrir todos los gastos de la conferencia y dejar una reserva para el año siguiente.

El día de la conferencia nos apoyaron personas luchadoras y talentosas, como la reconocida periodista salvadoreña Norma Roque. Siendo muy joven, salió huyendo con su familia de la guerra civil en El Salvador. Admirábamos su valentía, su espíritu humilde, su mente abierta y la carrera estelar como periodista y reportera que hizo en Estados Unidos, en la cadena Univisión. Norma no olvidaba sus raíces y siempre estaba apoyando los derechos de la comunidad latina, incluyendo la comunidad LGBT. Nos conmovió el amor incondicional que demostraba hacia su hermano Horacio Roque, un respetado escritor, historiador oral y activista homosexual, que se esforzaba por realzar las historias de la comunidad gay inmigrante. Norma habló abiertamente de él en la conferencia y de cómo su familia lo apoyó el día que salió del clóset. Esto puso a reflexionar a la audiencia, sobre todo porque no muchas celebridades se atrevían, en ese entonces, a hablar del tema de esa manera tan natural y honesta como lo hizo ella.

Al concluir mi nombramiento como copresidenta, dejé la coalición, debido a que LA Shanti había perdido varios fondos que la sustentaban. Descansaron a varios empleados y, quienes quedamos, asumimos compromisos adicionales para que la agencia no caducara sus servicios. En dos ocasiones se atrasaron con el pago salarial, lo cual comenzó a afectar mis finanzas porque yo vivía al día con mis cuentas. Así que comencé a buscar otro trabajo por medio de mi amiga Liliana, a quien había conocido años antes en los pasillos de su agencia, cuando yo apenas planeaba mi primer VIDAS. Todavía recuerdo esa primera conversación.

—¡Hola! ¿Sos nueva trabajando aquí o andás perdida? —me preguntó con una sonrisa contagiosa. Llamaron mi atención su singular acento argentino y un hermoso cabello pelirrojo de corte disparejo; lo tenía más largo de un lado que del otro.

—Soy Laura, Coordinadora de VIDAS. Busco a un presentador que me recomendaron —contesté.

—¡Ah! Vení a mi oficina. ¿Te puedo ayudar en algo? Llevo años trabajando en el VIH y conozco a medio mundo —me aseguró. En diez minutos nos hicimos amigas y con el tiempo llegamos a querernos como hermanas.

Ahora que le contaba que me urgía encontrar un trabajo más estable, Liliana me habló de una posición que
tenían abierta en el Instituto de Entrenamiento e Investigación de John Snow (JSI) en Denver, Colorado. Si me
contrataban, podría aplicar mi aprendizaje adquirido en
LA Shanti y en Alianza para capacitar a empleados de
otras organizaciones y departamentos de salud en varios estados. Ella me insistió en que fuera a cenar con
un amigo suyo que trabajaba allí y que visitaba Los Ángeles. Durante la cena conversé largo rato con él y se
interesó mucho por mi experiencia de trabajo. Me pidió
una copia de mi historia laboral para compartirla con la
directora regional de la oficina de Denver. La directora
me entrevistó por teléfono a los dos días, y una semana
después me envió un boleto de avión para entrevistarme con todo su equipo.

El viaje fue como un sueño mágico. Recuerdo, en
particular, cuando yo estaba parada frente a la oficina
de JSI y vi caer la nieve por primera vez. ¡Cómo disfrutaba sentir los copos blancos rozando suavemente mis
mejillas! Se posaban entre lágrimas jubilosas que me anticipaban un nuevo comienzo. Entré al edificio con una
certeza inexplicable. Tan pronto concluimos la entrevista, supe en mi corazón que me ofrecerían el trabajo.

—Nosotras nos preocupamos un poco. ¿Qué íbamos
hacer si te pasaba algo por allá? —confiesan mis hermanas adoptivas.

—A mí me intimidaba la idea de irme lejos —les digo
con franqueza—. Me había acostumbrado a ustedes, a la
cultura de Los Ángeles, ¡a VIDAS!, que me devolvió las
ganas enormes de respirar a diario como si no existiera
un mañana. Pero, en el fondo, sabía que aún me faltaba
explorar un mundo entero de posibilidades.

Les cuento también que me daba valor el hecho de ser ya ciudadana americana y, por otro lado, llevaba de equipaje una carrera universitaria, un inglés que dominaba y mi experiencia de trabajo comunitario. Así que abrigué mi mente con la ilusión de conquistar nuevos horizontes y, una vez más, le aposté al cambio.

37. Del río Colorado al Taj Mahal

Nadie llega solo a la cima ni permanece en esta por tiempo indefinido. Por eso me esforcé en conocer más gente y en desarrollar nuevas destrezas en JSI. Me levantaba cada mañana llena de energía y llegaba alegre a la oficina, con ganas de abrazar el mundo. Viajaba seguido a diferentes partes del país. Muchas veces me quedé atorada en algún aeropuerto por los caprichos del clima, que obligaban a las aerolíneas a retrasar los vuelos o a cancelarlos. Yo tomaba estos percances como una aventura más. ¡Me encantaba mi trabajo! Capacitaba a empleados de organizaciones y departamentos de salud sobre iniciativas de prevención del VIH y de liderazgo. Y en septiembre del 2005, JSI recibió una invitación para hablar de estas iniciativas en un congreso internacional para jóvenes en la India.

Llevaba años que me veía dando una charla o un entrenamiento en algún país al otro lado del mundo, y esta podía ser mi gran oportunidad. Pero lograrlo significaría un reto gigante. Profesionales de casi noventa países se encontrarían en ese magno evento, así que podía entender que en JSI no quisieran arriesgarse a mandarme a mí. Ellos disponían de un robusto departamento internacional ubicado en Boston con doscientos empleados mejor calificados que yo. Además, mi supervisora inmediata, Mariana, poseía una preparación académica como psicóloga y vasta experiencia trabajando para las Naciones Unidas. Otro supervisor, amigo de uno de los organizadores del congreso, recibió una invitación directa. ¿Qué me hacía creer que yo tendría alguna posibilidad de ir y no ellos? Pues bien, sucedió que ninguno de ellos dos podía viajar por razones personales. Y los empleados en Boston tenían otros compromisos agendados o les parecía complicado completar los requisitos del viaje en cinco días, con un fin de semana de por medio. Le insistí a la directora regional que yo podía hacerlo. «No tenemos nada que perder, le dije muy segura de mí misma». No sé si a ella le conmovió mi entusiasmo y mi insistencia o si vio en mí potencial, el caso es que me dijo: «Si reúnes todos los requisitos para el viaje, hablamos». Ese viernes le pedí a Mariana que me compartiera sus mejores prácticas trabajando con diversas audiencias en otros continentes. Era una colega muy dadivosa que me ayudó a armar la presentación y me apoyó a lo largo del proceso.

El sábado pasé horas buscando una clínica que me diera un medicamento contra la Malaria y me pusiera las vacunas contra la rabia, la fiebre amarilla, el tétano y otras que recomendaban para viajar a la India. Parecerá cómico que las vacunas fueran la parte más difícil de mi travesía, porque yo no había hecho las paces con las agujas. Mis venas seguían escondiéndose de ellas y mi piel terminó marcada, como recuerdo de nuestros encuentros desagradables desde el día de mi nacimiento. Pero mi madre tenía razón, todo es posible cuando se pone voluntad; sobreviví a la tortura de las agujas. «No bebas agua de ningún vaso ni de botella, solo bebidas enlatadas como sodas, y no olvides limpiar la superficie. Lávate bien las manos», me recomendó el doctor como medidas preventivas para no contraer ninguna enfermedad.

El domingo por la noche envié un correo electrónico a los organizadores del congreso. La India está doce horas adelantada, para ellos ya era día lunes. Les pedí que me enviaran por ese medio una invitación oficial a mi nombre. Tenía que presentarla en el consulado de la India de San Francisco para solicitar la visa. Empaqué ropa para una semana, confiando en que todo saldría bien, y, por la mañana, tomé el primer vuelo a San Francisco. Camino al consulado le indiqué al taxista que se detuviera en un lugar donde pudiera imprimir la invitación oficial.

«Esta tarde ya le tendremos respuesta», dijo el oficial del consulado cuando le entregué los documentos requeridos. Me fui al hotel para hablar varias horas por teléfono con el líder del Departamento Internacional de JSI, quien me puso al tanto de nuestros esfuerzos internacionales más importantes. Después regresé al consulado de la India, y para mi alegría me habían concedido la visa. Llamé a la directora regional para informarle de mis avances. «Falta ver si hay vuelos disponibles», argumentó. «Encontré una oferta por internet, solo necesito su aprobación para apartar mi pasaje. Viajaría mañana en la tarde de San Francisco a Nueva Delhi, haciendo escala en Alemania. JSI puede reembolsarme después», le respondí. Escuché un silencio rotundo por varios segundos. «Que tengas una experiencia maravillosa», dijo al fin. ¡Me iba a la India!

—Nosotras estábamos muy orgullosas de ti —comentan mis hermanas adoptivas.

—Nunca pensé que me subiría a un avión de dos pisos ni que pasaría más de diez horas en el aire. Todo el vuelo me la pasé revisando folletos de JSI y preparándome para mi presentación —les relato emocionada, como si de nuevo viviera ese momento.

Aterricé en Nueva Delhi, donde los organizadores del congreso me recibieron en un aeropuerto lleno de gente amigable y bañado de un clima húmedo. Los líderes eran universitarios entre las edades de dieciocho y veintiséis años. Se me arropaba el corazón de alegría al ver tanta juventud visionaria, sin miedos ni cadenas que les impidieran dejar huellas importantes en el mundo. Me llevaron en un pequeño auto hasta el Centro de Convenciones, en el hotel Jaypee Palace, en Agra, donde sería el evento. Un día antes de mi presentación conocí a una señora amable con quien fuimos a explorar un poco las afueras de la ciudad. Nos subimos a un asiento jalado por una bicicleta de tres ruedas que pedaleaba un lugareño, quien se ofreció gentilmente a servirnos de guía turístico. Su mirada profunda, piel arrugada y voz firme me recordaba a la gente mayor de los pequeños pueblos de Guatemala, que disfrutaban de contar historias y leyendas de mi tierra a los extranjeros.

En el camino nos llevamos varias sorpresas. Vimos a niños y adolescentes en calzoncillo bañándose en unas cubetas grandes. Usaban de estropajo un trapo que lavaban con la misma agua sucia que goteaba de sus brazos y su pecho. Algunos comían lo que parecía una fruta; era difícil de distinguir, porque estaban cubiertas con la misma tierra que se acentuaba bajo las uñas de sus dedos y les cubría toda la mano. También nos encontramos con vacas cruzando las calles donde corren los autos. Caminaban como si fueran diosas; en cierta forma lo eran y lo siguen siendo. Los autos paraban para dejarlas pasar porque ahí a las vacas se las respeta. Son sagradas. Nadie las maltrata ni las mata para merendárselas; al contrario, están mejor alimentadas y lucen más saludables que algunas viudas secándose de hambre. Le pregunté al lugareño por qué se miraban mujeres desnutridas y había tan pocas caminando por la calle, si en la India hay una alta población femenina. Contestó que cuando fallece el marido, en algunas aldeas, la mujer pierde todos sus bienes y sus derechos. Algunas veces la familia del marido les permite quedarse a vivir con ellos si aceptan trabajar como sirvientas. «Aquí la mujer no se manda sola ni es dueña de su destino. Trabaja la tierra, pero jamás llega a disponer de esta», concluyó el lugareño. A mí me pareció irónico porque las pocas mujeres que vi en la calle lucían hermosos vestidos bordados, teñidos de colores que pintaban de vida su aura. Sus telas, tan flojas y livianas que mecía el viento, daban la impresión de que sus cuerpos delgados llevaran el espíritu libre.

Por la tarde llegamos al Taj Mahal. Me deslumbró su majestuosidad. Era un mausoleo de mármol blanco y brillante como el sodio. Estaba ornamentado con esculturas floridas, símbolos religiosos y una caligrafía tan seductora como la historia que atesoraba entre sus paredes. Un emperador edificó el mausoleo como ofrenda a su esposa favorita ya fallecida, y cuando él murió lo enterraron en una tumba junto a ella. Al lugar lo abrazaban jardines inmensos y lo veneraba el aire de gente sencilla que, sobre sus pies descalzos, acudían a dar gracias a su dios por la bendición de estar vivos. Luego de vivir estas experiencias fascinantes retornamos al hotel. En sus patios cubiertos de naturaleza vimos a mucamos espantando a los monos hacia afuera. Nos advirtieron que mantuviéramos las ventanas de los cuartos cerradas para que no se entraran por ahí. Me llamó la atención que los mucamos eran todos hombres. Solamente vi mujeres en los centros de masaje, donde el toque sensual de sus manos relajó por completo mi cuerpo y me hizo soñar despierta.

Al otro día ¡viví mi sueño! Presenté para jóvenes que estaban ávidos de aprender más sobre el VIH y cómo podían aplicar estos conocimientos en su comunidad. Varios representantes de países asiáticos y africanos expresaron interés en que JSI los orientara para iniciar algunos servicios de VIH en sus regiones. Los conecté con el Departamento Internacional. Este éxito me ayudó muchísimo en mi trabajo. A los tres meses de haber regresado de la India, la directora regional me promovió al cargo de supervisora y de entrenadora a nivel nacional. Llegó a creer tanto en mí que hasta me aconsejó que estudiara una maestría en Administración de Empresas (MBA). «Tienes un gran potencial Laura, un MBA te abrirá puertas más grandes en el futuro», me aseguró. Era una mujer visionaria que creció en una granja ordeñando vacas y recogiendo los huevos que ponían las gallinas. Con arduo esfuerzo construyó su camino hasta alcanzar una posición de liderazgo en JSI. Le agradecí que compartiera conmigo su sabiduría.

—Esa señora fue buena gente. Te habló como una madre —aseguran mis hermanas adoptivas, en lo que miran su reloj. Habíamos hablado por horas sobre la historia de mi vida y ya comenzaba a oscurecer. Sus hijos estaban impacientes por ir a ver los fuegos artificiales a un parque cerca de mi casa.

—Tomé el consejo de la directora como si viniera de mamá —les digo—. Ese mismo año me inscribí en la Universidad Walden. Aún debía el préstamo de mi licenciatura en Psicología y, encima, la Universidad Walden era una institución privada; pagarla me costaría cientos de madrugadas adicionales de trabajo, pero pensé que más caro sería no invertir en mi educación.

Concluimos la conversación con mis hermanas adoptivas para irnos al parque, donde culminaríamos la celebración del 4 de julio. Ahí, apreciando el brillo de las luces que encendían el cielo, sentí una mezcla de alegría y alivio en mi corazón. Pensé en mis viejos; a medida que avanzaba en mi vida profesional, más me acordaba de ellos. De mi padre, por su ética de trabajo y ayudarme a encontrarle el modo a las cosas. De mi madre —que siempre creyó en mí— por enseñarme mis primeras letras y a no darme por vencida jamás.

38. Desengaño mortal

—Mamaíta linda, repetime cómo se dice, por favor.

—Put it on the table (ponlo en la mesa), la última palabra suena como téi-bol —le repito por tercera vez, mientras ella lo escribe despacio en su cuaderno rayado que revive mi infancia. Una vez me irrité un poco de estar repitiendo a cada rato; entonces, ella me pidió con una voz aplacada por el tiempo: «Teneme paciencia, por favor, mijita linda, ya estoy grande», despertándome la conciencia de que la niña ahora era ella.

Tenía setenta y cuatro años y ya medio decía sus palabritas en inglés y se animaba a escribirlas. La había inscrito en la escuela de Reseda, a ocho cuadras de donde vivíamos. Como yo viajaba mucho por razones de trabajo, aprovechábamos los pocos días a la semana que estábamos juntas para revisar su tarea. Nos sentábamos alrededor de una mesita redonda de madera color café en el comedor pegado a la cocina. Yo escribía con un yeso blanco en una pizarra pequeña de fondo negro. Eso le facilitaba ver con su vista cansada y copiar el vocablo en el papel. Le ponía voluntad al aprendizaje, pese a la congoja que vertía en su ánima.

Mi madre llevaba seis meses viviendo conmigo en Los Ángeles. Me había mudado de regreso a esta ciudad para que a ella se le hiciera más fácil adaptarse por el clima cálido, el idioma español y por la gente, que en su gran mayoría eran personas latinas. Para mí significaba un reto vivir juntas, ya casi cumplía mi cuarta década de existencia. No acostumbraba a rendir cuentas ni a estar pendiente de nadie. Eso cambió al llegar ella, que dependía casi por completo de mí después de haber sufrido una desilusión que le fracturó los esquemas mentales en que se apoyó toda su vida.

Papá le confesó una tarde que los últimos quince años de su relación conyugal, él había formado una familia con otra mujer. El mismo día de su confesión, Robert y yo nos enteramos por un correo electrónico suyo de la existencia de Selena, Antonio y también de Benjamín, que no era hijo biológico, pero desde sus tres años papá lo quiso y lo protegió como si lo fuera. Al principio, ni mis hermanos de papá y mamá ni yo podíamos explicarnos cómo sucedieron las cosas sin que nos diéramos cuenta. Ya éramos adultos. Mis hermanos tenían familia, una carrera profesional y vivienda propia —excepto René, que todavía alquilaba uno de los condominios de atrás en la casa de mis padres—. Cuando cualquiera de mis hermanos visitaba a nuestros padres, mi viejo siempre estaba en casa. Contestaba el teléfono los sábados que yo llamaba a cualquier hora para saludarlos desde Estados Unidos. Si él no trabajaba, compartía con mamá la mayor parte del tiempo, menos en las horas de jugar al billar con los amigos, que cada vez se hicieron más largas y frecuentes.

Pude percibir el parcial alivio de papá al soltarnos la verdad. Imaginé su martirio de llevar una doble vida. Yo conocía esa penuria de primera mano, porque un sentimiento similar me secaba el corazón y la piel cuando yo aún no había salido del armario. Papá se enteró de mi orientación sexual muchos años después que mamá, en una de tantas conversaciones que sostuvimos cuando se me salió la congoja por una novia con la que había terminado mi relación. Contrario a lo que mamá había predicho, mi padre tomó las cosas de lo más natural. Cada vez que hablábamos solía preguntarme que

cuándo pensaba darme la oportunidad de volver a enamorarme de una mujer. Pero su confesión de tener otra
familia era más complicada de lo que pudo haber sido
mi salida del armario. Mi viejo nos pidió perdón a cada
uno de diferentes formas. Cada uno asimiló las cosas
de acuerdo con su entendimiento personal y en su debido momento. Yo me preguntaba qué habría sido de mí
si hubiese estado en los zapatos de mis hermanitos de
su segunda familia. Si la primera parte de mi existencia
hubiese sido desconocida de esa manera por otros que
llevaran mi sangre. Ellos eran inocentes de todo.

Mi viejo los reconoció ante la ley desde que nacieron y respondió por ellos, igual que lo hizo por cada
uno de sus retoños que engendró con mamá. Trabajó
sin descanso para enviarlos a los mismos colegios que
a nosotros y asegurarles un futuro. Respondió por ellos
en circunstancias difíciles, igual que lo hizo por René y
Robert cuando se accidentaron y papá empeñó años de
su vida trabajando para cubrir los perjuicios causados a
otros. También respondió por mí cuando pagó la cuenta del hospital el día que me salvaron el ojo derecho,
cuando me enyesaron el brazo en la sala de emergencia
y cuando me tuvieron en una incubadora peleando por
mi vida al nacer. Igual que lo hizo por Cecilia, que, en
una cirugía para extirparle la matriz, se le subió la anes-
tesia al cerebro y quedó en coma por varios días. Papá
cubrió los gastos del hospital. Y por Claudia, cuando tenía cinco primaveras y se perdió en la playa de Tulate.
Él la buscó desesperado hasta encontrarla antes de que
se la llevaran unos viejitos mareños. También respondió por mamá, para su delicada operación la vez que a
ella se le escapó una condenada piedra de la vesícula y
casi se muere. Toda su vida, con el apoyo de mi madre,
nos dio cobijo y comida, una formación académica y su
tiempo, y se esforzó por mejorar su mal carácter. Así en-

tendió que un progenitor ama a sus vástagos, y así de grande fue su amor por nosotros.

Recordar esto me ponía en una encrucijada, porque estaba de por medio la madre excepcional que consagró su vida entera a protegernos. Pasó noches sin pegar un ojo velando por nosotros en la enfermedad y en la desgracia. Nos alentó cuando nos ganaba el desaliento y perdíamos la fe en nosotros mismos. La mujer bendita que nos sacó de mil apuros; que nos amó a cada uno por encima de nuestras imperfecciones, de nuestras ofensas, y hasta por encima de sí misma. ¡Cómo no iba a dolerme la aflicción de ambos! Por un lado, la mentira silenciosa de papá había marcado en su rostro surcos profundos, saturados de un remordimiento que le restó a golpes su salud y sus años. ¿Con qué corazón podía yo condenarlo si la propia vida comenzaba a pasarle la factura de sus faltas?

Por otra parte, yo no podía abandonar a mi madre a su suerte ni dejar de sentir el inmenso dolor que despedazaba a soplos su alma. «Viejita, tómate la pastilla que te recetó el doctor, por favor», le rogaba yo cada mañana. Cuántas veces supliqué a Dios que me ayudara a encontrar a Lupe para preguntarle el nombre del remedio que me ayudó años atrás a salir de mi depresión. La última vez que nos vimos ella tenía problemas con su pareja. A los pocos días abandonó el colegio y su teléfono sonaba desconectado. Así que tendría que ingeniármelas de otra manera para apoyar a mi madre. La pobrecita trataba de sacar fuerza de algún lado. Parecía que se le había agotado en darnos fuerza a todos, toda su vida, y le restaba muy poca para salvarse ella. Cada lunes en la mañana yo la llevaba a terapia con una psicóloga y los martes por la tarde, con una psiquiatra. Era necesario buscar expertos ajenos al problema para que fueran objetivos y pudieran ayudarla. En el verano anterior habíamos intentado varios métodos de autoayuda por mes y medio. Para entonces yo aún vivía en Denver, llevaba tiempo cultivando un crecimiento espiritual que va más allá de cualquier religión. Había dejado JSI y trabajaba como consultora independiente, lo cual me permitió compartir con mamá semanas completas.

Le enseñé algunas técnicas para relajarse y de sanación interior. Le decía: «Abrázate fuerte y respira hondo, viejita. Cuando inhales el aire repite en tu mente: "Te perdono, Roberto". Cuando lo sueltes, piensa: "¡Soy libre!", y estira los brazos hacia los lados como si volaras. Hagamos el mismo ejercicio diez veces. Despacio. Siente cada palabra, viejita querida. Ahora escribe lo que te duele. No te quedes con ese maldito veneno dentro. Expúlsalo de tu cuerpo, madrecita». Íbamos al río a dejar que la corriente se llevara su dolor en largas cartas que le escribió a mi viejo sin enviárselas. Mojábamos los pies al terminar cada ritual de perdón para sentirnos nacer de nuevo sin odio ni resentimiento, algo que repetíamos cada cuatro horas. Mamá logró recuperarse bastante. La mañana que la llevé al aeropuerto quedamos en hablarnos por teléfono tres veces a la semana para procesar juntas sus emociones. Pero al volver a su entorno en Guatemala, la soledad y los recuerdos impregnados en cada pared, en cada cuadro y en cada espacio de lo que había sido su hogar lograron tumbar de nuevo su espíritu.

Mamá le exigió a mi viejo que se fuera de la casa y le diera el divorcio. Me pidió que viajara para acompañarla y darle valor para firmar los papeles ante el juez. Mi viejo colaboró para facilitar los trámites de la separación. «Haré cualquier cosa que tu mamá necesite», me prometió la noche que nos reunimos a solas en un restaurante y me contó su versión de lo sucedido. «Perdóname, hija. Cómo pude fallarles así. No soy digno de tu mamá. Ella es una dama», se desahogaba llorando. Nunca había visto en él a un niño vulnerable y desolado. Apreté fuerte sus manos manchadas por el sol, adelgazadas por una diabetes que ya no le perdonaba ningún descuido. Esas manos nobles que me enseñaron la suma y la resta; que me aplaudieron cuando metía un gol o declamaba una poesía; que me cargaron sobre su espalda. También me enseñaron a no dejarme tumbar por las olas. Esas manos que, aunque el cansancio les restara ímpetu, seguían trabajando para que no nos faltara nada a ninguno de sus hijos cuando éramos menores de edad. Prometimos seguir en contacto todos los sábados, sin importar lo que pasara. Dos días más tarde, saliendo de la corte, mi madre lo miró firme a los ojos. «Roberto, te di mi vida y cinco hijos. No merecía que me hicieras esto, pero no te deseo ningún mal. Te perdono», le dijo, con una entereza que se derrumbó tan pronto subimos al auto las dos solas. Se me partían las entrañas de la impotencia de no poder aliviar su llanto. Mis viejos no volvieron a verse jamás.

39. La tierra que nos acogió

A veces olvidamos que el lugar donde nacemos no nos pertenece. Yo temía dejar a mamá sola en medio de los recuerdos y del estado emocional en que se encontraba. Mi hermana Claudia, Robert y la hermana mayor de mamá me ayudaron para convencerla de mudarse conmigo a Estados Unidos.

—¡Ay, mamaíta!, en este país nací. Aquí crecieron ustedes. No puedo morir en otra parte —me decía.

—No te preocupes, madre, puedes volver cuando quieras, solo date la oportunidad de vivir lejos una temporada para sanar esas lesiones profundas que deja la traición —le insistía yo.

Para ofrecerle a mi madre el apoyo y los cuidados que necesitaba, serían necesarios algunos ajustes en mi vida. Se avecinaba el invierno y la nieve pronto bañaría de blanco las montañas, los ríos y los tejados de Denver y de todo Colorado. Ella estaba acostumbrada al clima cálido de su tierra, que se parecía más al de Los Ángeles; tenía más sentido vivir en esta ciudad. Por otra parte, mamá la conocía mejor, de cuando viajaba para comprar mercancía y se trasladaba en bus o metro de un sitio a otro. No perdería por completo su independencia ni su ritmo de vida. Incluso la cultura es más familiar porque inmigramos miles de hombres, mujeres y niños nacidos en cualquier recoveco de Latinoamérica. Y como yo podía realizar mis consultorías desde cualquier parte, me mudé de regreso a Los Ángeles. Alquilé un apartamento de dos recámaras que,

en realidad, superaba mis finanzas, porque llevaba solo
un año como consultora independiente. Ya había acumulado deudas por los gastos de viajes constantes que
hice a Guatemala durante el proceso de separación de
mis padres y perdí mucho dinero al rechazar consultorías que no pude realizar en ese tiempo. Pero era importante que mamá tuviera su propio cuarto, para su
privacidad, y que se sintiera cómoda. Yo confiaba en
que, si las cosas se complicaban, me sería fácil conseguir
un trabajo para seguir pagando un techo y comida para
las dos.

Antes de traer a mamá al que sería nuestro nuevo
hogar, decoré su cuarto como supuse que le gustaría.
Coloqué un póster del papa Juan Pablo II. Ella siempre
fue devota suya. La vez que el pontífice visitó Guatemala éramos todavía muy pequeños. Mamá nos abrigó con
bufandas y gorros. Atoró una bolsa con panes de jamón
y lechuga, y café caliente en un termo. Nos llevó junto
a miles de personas devotas a dormir en la calle, aunque fue imposible pegar los ojos entre cantos y plegarias
toda la noche y la madrugada. Esperamos a que pasara
el papa en su papamóvil para saludarlo de lejos con más
cantos de adoración. Mamá lo admiraba tanto que, en su
peregrinación a Europa, fue a buscarlo hasta Roma para
verlo más de cerca. En esa fe católica creció, junto a dos
hermanas más grandes y tres hermanos menores que
ella. Todos bajo el amparo de la abuela Bernarda, una
mujer sabia, valiente y devota que los crio sola, porque
la muerte le arrebató a su marido de forma precipitada
cuando su sexto hijo apenas cumplía un año. La causa
exacta de su fallecimiento es un misterio guardado en
el mismo cofre donde descansan sus restos. Al lado de
la cama de mamá armé un pequeño altar con rosas rojas artificiales, una estatuilla del niño Jesús, la foto de
su adorada Virgencita de Fátima y un rosario pequeño

de madera. En su cabecera colgué un Cristo resucitado; nunca soporté ver la figura de un ser humano clavado en la cruz.

Decoré el balcón de manera que semejara el patio frontal de su casa en Guatemala. Coloqué una mesita de piedra con dos sillas de mimbre y cojines rojos. Llené el espacio de plantas verdes, una pequeña fuente y luces de colores para que sintiera por las tardes que estaba en su tierra natal. La mamá de una de mis amigas, que se hizo íntima amiga suya, llegaba a diario por dos horas para hacerle compañía. En ese balcón hablaban de cosas que solo dos mujeres de la misma generación podían entender. Jugaban al dominó y a las damas chinas para aminorar el efecto de las confesiones que se hacían.

Al año de vivir en mi apartamento, le pedí a Robert que tramitara los papeles requeridos para solicitar entre los dos la residencia legal de mamá, con el fin de que ella pudiera vivir conmigo el tiempo que quisiera. Ambos convencimos a Cecilia de mudarse con su familia a la casa de mamá en Guatemala, para cuidarla y administrar los condominios en el patio de atrás. Mi viejita le pidió a mi padrino de bautizo, su hermano varón que más la apoyaba, que en su ausencia le hiciera el favor de recaudar las rentas de una propiedad en Mazatenango que la abuela Bernarda le había heredado. Mi padrino depositaba religiosamente el dinero en la cuenta de mamá cada mes. Ella confiaba a ciegas en él porque siempre fue un hombre íntegro y de mucho carácter. También hacía de amigo, al que solían acudir la abuela y todas las mujeres y los varones de la familia, a la hora de un problema. Contar con mi padrino y con Cecilia, que le concedió su deseo de velar por la casa, contribuyó a que mamá viviera conmigo sin tener mayor pendiente.

En Los Ángeles comenzamos una nueva etapa juntas. Robert vivía a dos horas de mi apartamento. Casi no nos veíamos por la distancia y el apretado horario de nuestros trabajos, pero él venía a recoger a mamá algunos días festivos. Si ella no quería irse, él se quedaba a nadar con mi cuñada y sus hijos en la piscina del edificio y compartían un rato con mi madre. Esto nos dio a Robert y a mí la oportunidad de revivir lindas memorias. Aclaramos malentendidos del pasado y pudimos rescatar el cariño entrañable que, pese a nuestras desavenencias, nunca dejó de existir. Todavía discordábamos en algunos asuntos elementales y en cómo interpretamos la vida, pero en lugar de pelearnos, crecíamos al intercambiar puntos de vista. Y escucharnos dialogar de esta manera aligeraba el proceso de adaptación de mamá a su nueva vida en la ciudad angelina.

Mi madre comenzó a realizar trabajo voluntario. Antes de casarse con mi viejo ella había alimentado el deseo de contribuir de alguna forma para mejorar su mundo inmediato. Pero al final su existencia giró alrededor de papá, de sus hijos y de sus nietos. Ahora la vida la invitaba a pensar un poco en ella y en sus anhelos personales. En la escuela donde asistía a clases de ESL tres veces por semana, ayudaba a meter cartas en sobres y a servirles el almuerzo a los niños durante el recreo. Los otros días iba a una casa para personas de la tercera edad, donde pasaba las mañanas aprendiendo a tejer. En Guatemala ella solita había aprendido a confeccionar vestidos para mí y mis hermanas, usando unos moldes de papel y una máquina pequeña de costura Singer. Lo que nunca aprendió fue a jugar con las agujas de tejer. Su primer logro fue un lindo gorro rojo que me regaló muy orgullosa para mi cumpleaños. No dejaba de donar su tiempo, aun cuando a veces se sintiera desganada. Llegaba puntual todos los días, como si devengara un salario. En la primavera del 2009 premiaron su dedicación con un reconocimiento como voluntaria del año. Ese certificado sencillo, que iluminó su rostro con una sonrisa orgullosa, me recordaba a mí misma de niña cuando me premiaban en el colegio con una pequeña estrella en la frente por buena conducta.

Fuimos también a una iglesia para que se inscribiera en un grupo de apoyo y oración los viernes en la noche. Allí conoció a otros hombres y mujeres inmigrantes latinos. Escucharlos la hacía pensar en las aflicciones que pasamos Robert y yo para abrirnos paso en este país, cada uno por separado. Ella conocía cada detalle de nuestros éxitos y penas más grandes, había sido nuestra confidente y paño de lágrimas. Los domingos mamá vendía limonadas al terminar el servicio dominical para recaudar fondos para la iglesia. No hablaba de su pasado con nadie, se limitaba a escuchar a otros, a ofrecerles consuelo. La gente incluso iba a buscarla al apartamento para pedirle consejo.

—Le va a hacer mal alterarse, mejor vamos a rezar juntas por su muchacho —Mamá le insistía a mi vecina de al lado cada vez que su hijo adolescente no llegaba a dormir ni se reportaba a salvo.

—Me la va a pagar este canijo, hoy sí le voy a tronar la cara para que aprenda —contestaba mi vecina.

—No lo golpee ni le grite. Está bien que lo corrija, pero a los hijos hay que hablarles para que entiendan y escucharlos para entenderlos uno —le aconsejaba mamá. Ese candor y sabiduría que adquirió con la experiencia de la vida le ganaron entre sus conocidos el nombre de Abuelita de Paz.

Mientras mi viejita se esforzaba por adaptarse a su nuevo espacio, yo comenzaba a sentir el peso de los gastos. El país estaba en crisis económica, muchos negocios cerraron, mis consultorías disminuyeron y mis tarjetas de crédito casi llegaban al tope, igual que mi desesperación. Íbamos con una de mis hermanas adoptivas a caminar a la montaña para calmar mis aflicciones. Se me corrían las lágrimas del puro cansancio y mi hermana adoptiva me decía: «No te preocupes, Beauty, vas a encontrar un buen trabajo muy pronto». Me llamaba Beauty porque una de las técnicas que aprendí para mantener una actitud positiva consistía en decirme en voz alta cosas bonitas frente al espejo. Ella me observó hacerlo varias veces y le causaba gracia, y de cariño me bautizó con ese sobrenombre. Pero las palabras positivas no eran suficientes en ese momento. Me urgía conseguir un empleo que ofreciera un buen salario para no irme en bancarrota.

Gracias a Liliana, que en ese momento trabajaba para la industria farmacéutica, supe de una compañía alemana reconocida a nivel mundial. Había una posición como representante comunitaria para cubrir diecisiete estados. Parte importante de mi trabajo consistiría en crear y facilitar colaboraciones con líderes comunitarios, y entrenar a proveedores de servicios para la salud. Era un puesto muy codiciado, por el sueldo y el estatus que ofrecía. Para entonces ya casi terminaba mi maestría, que era parte de los requisitos. Pero aplicaron aspirantes de todo el país que, además de una carrera universitaria como la mía, tenían experiencia en una industria que yo no conocía bien.

Liliana me ayudó a prepararme. Me envió información sobre las nuevas medicinas, los diferentes competidores y el lenguaje utilizado en el mundo corporativo. Yo me aprendí todo de memoria y practicaba hasta poder hablar de esto como si lo hubiese hecho por años. Busqué referencias y cartas de apoyo de líderes comunitarios en diferentes estados, que estaban dispuestos a colaborar conmigo si me daban el empleo. Había estrechado relaciones con ellos a través de mi trabajo en JSI y como consultora de otras organizaciones. Memoricé a conciencia la historia de la compañía y llamé a varias personas con experiencia en la industria para aprender de ellos cómo había sido su proceso de preparación en las entrevistas. Practiqué cómo responder algunas preguntas comunes y armé una presentación que me pidieron para exponerla ante un grupo de expertos que me entrevistarían. Preparé una carpeta con todo mi historial de trabajo y logros relevantes, tal como me dijo Liliana que hiciera. Presenté una propuesta de trabajo para los primeros noventa días y un análisis del territorio donde la implementaría. Estaba decidida a demostrarles que yo entendía el negocio y los retos por vencer, si se arriesgaban a contratarme.

«No se te ocurra asistir a las entrevistas con tu ropa de la India. Invierte en un par de trajes de oficina para ponerte esos días», me aconsejó Octavio, otro mentor reconocido en el campo del VIH dentro y fuera de Estados Unidos que nunca perdió su humildad. Él me apoyó de forma incondicional en VIDAS, en este proceso de entrar a la industria, y continúa siendo un gran amigo. Me aconsejaba lo de la ropa porque desde que visité la India, adopté el uso de las prendas de vestir de ese país para meditar y dar mis charlas de motivación. Me sentía acariciada por la tela suave con colores brillantes. Pero ahora tenía que adaptar mi vestuario a los requisitos de la compañía donde anhelaba trabajar para que me tomaran en serio. Le pedí dinero prestado a una de mis hermanas adoptivas para comprar dos trajes adecuados y luego para otros tres, porque las entrevistas demoraron varios meses.

Durante el proceso de las entrevistas se me ocurrió crear un espacio en mi cuarto donde pudiera visualizar el trabajo que buscaba; ningún esfuerzo que hiciera estaba de más. Diseñé una tarjeta de negocios con el nombre de la compañía, el de la posición a la que aspiraba y el mío. Por las noches la ponía al lado de una vela encendida y de un billete por la cantidad que necesitaba ganar. Había escuchado de un orador motivacional que para atraer la cantidad de cien mil dólares, le agregó ceros a un billete de un dólar y repetía a diario afirmaciones de agradecimiento, como si ya tuviese el dinero. Al poco tiempo le hicieron una oferta por esa cantidad. Así que yo hice el mismo ejercicio. Comencé a meditar a diario por treinta minutos vestida con el traje que había comprado para la entrevista. Daba gracias al universo por el trabajo y el dinero, haciendo como si ya me hubiesen contratado. Y me seguía preparando, claro, tampoco se trataba de quedarme sentada esperando que del aire surgiera un milagro.

«Nos complace ofrecerle la posición», me dijo una voz masculina en el auricular. La compañía me daba oxígeno para seguir navegando en medio de la tormenta. Me ofrecieron la cantidad exacta que había escrito en el billete. Mis hermanas adoptivas se quedaron con el ojo cuadrado de la sorpresa cuando supieron. Aparte de mi salario, recibiría un bono anual y beneficios de salud que me permitirían cubrir un masaje bimensual que bastante falta me hacía, porque el estrés había marcado su territorio en la parte superior de mi espalda. Cada tarde me punzaba con el hierro de un destornillador o con la perilla de la puerta para deshacer el nudo de nervios que me estrujaban sin clemencia. Con este trabajo recuperaba la esperanza de seguir apoyando a mi viejita para adaptarse a este país que, aunque no nos vio nacer, ahora nos acogía a ambas como a dos hijas engendradas en su seno.

40. Veralegría

《El cáncer avanzó a la etapa tres, señora», le explica
el cirujano a mi madre, después de una intervención
quirúrgica en la que extrajeron una parte de su colon.
Fue milagroso que sobreviviera para contarla; apenas se
recuperaba de una embolia pulmonar y de una anemia
repentina causada por el desangramiento del colon.

Dos nobles samaritanos encontraron a mamá des-
mayada en la calle. Revisando entre sus papeles del
pantalón encontraron una pequeña tarjeta con mi nombre y número de teléfono que mamá solía llevar consigo
por cualquier emergencia. En lo que me llamaban, mi
viejita comenzó a recuperar el conocimiento. Ellos, muy
amables, la llevaron al edificio, donde la recibí con mi
corazón arrugado de pura angustia.

Ayudé a mamá a subir despacio las gradas a nuestro apartamento, en el segundo piso, mientras me contaba lo poco que recordaba de lo que pasó antes de su
desmayo. Tan pronto abrí la puerta se me vino encima.
No pude sujetarla y las dos caímos al suelo. Sus ojos y
su boca estaban abiertos. Inmóviles. Temí que se tratara de un derrame y llamé de inmediato al número de
emergencia, 911. Cuando llegó la ambulancia me pidieron su seguro social, que no tenía porque todavía no le
llegaban los papeles de su residencia. Les di el mío y mi
licencia de conducir. Les prometí, llorando desesperada:
«Yo me hago cargo de los gastos; por favor, llévenla rápido al hospital más cercano antes de que se me muera».

En la sala de emergencia le hicieron exámenes de

todo tipo hasta dar con su mal. La pérdida de sangre había causado que no le llegara suficiente oxígeno al cerebro, por eso se desmayó. Si demoramos unos minutos más, mi madre hubiese quedado paralizada de forma parcial o completa. Llamé a Robert para contarle lo que pasó y pedirle que fuera a ver a mamá lo antes posible. Cuando llegó, nuestra viejita ya se sentía mejor y comenzamos a hacer bromas para levantarle el ánimo. Ni diez minutos teníamos de animarla entre los dos, asegurándole que lograría recuperarse de esta mala pasada, cuando nos informan que se le fueron dos coágulos de sangre al pulmón. Era necesario instalarle unos filtros en el cuerpo para deshacerlos antes de operarla del colon. Diecisiete alboradas en el hospital estuvo mi viejita negociando su vida con el más allá.

Al terminar las cirugías la dieron de alta, advirtiéndome que tendría que llevarla cada ocho días al médico a hacerse exámenes de sangre, así le ajustarían la dosis del medicamento para evitar la formación de más coágulos que pudieran viajar a su corazón o al cerebro. Al principio, su doctor de cabecera me indicó que le inyectara la medicina en líquido. Yo lo intentaba con todas mis fuerzas, pero las agujas seguían espantándome, mis manos inútiles temblaban y hacían que la lastimara más. Lo bueno es que en un instante de quebranto me desahogué con la gerente del edificio donde residíamos. Ella me contó que al otro lado de nuestro apartamento vivía una enfermera. Fui a suplicarle que me hiciera la caridad de ponerle la inyección a mi madre cada noche hasta que el médico le recetó las pastillas.

En mi afán de levantarle el ánimo a mi madre y darle fuerza para seguir recuperándose, adopté un chihuahua mezclado con otra raza que un amigo me regaló. Pensé que le haría compañía a mamá para que no se sintiera tan sola en el apartamento durante las horas que yo trabajaba. Lo bauticé con el nombre de Happy para que, cada vez que ella lo pronunciara, el movimiento de los músculos en su rostro la hicieran sonreír. Happy tenía seis semanas de nacido, poseía una mirada muy profunda y dulce que no le despegaba a mamá. Nos llenaba de curiosidad el desarrollo de su cuerpo y su manera de ser. Sus orejas se alargaron demasiado para ser chihuahua y su piel blanca se llenó de hartas manchas cafés que lo confundían con un dálmata. Su cola se estiró más de lo esperado, y su silueta larga y esbelta se cubrió de un abrigo de pelos que había que recortarle cada tres meses.

Era un canino muy peculiar. Caminaba con elegancia, como si fuese un caballo de Andalucía. Buscaba su privacidad dentro de la casa envolviéndose entre las sábanas o escondiéndose en el rincón de algún clóset. Happy se amigó con un gran danés que tenían los vecinos de al lado; enamoraba a la única salchicha de la cuadra y se sentía del tamaño de un dóberman cuando protegía a quienes amaba. Era juguetón y amoroso y confiaba demasiado pronto en los extraños; se amigaba con cualquiera. A mamá le gustaban los perros, siempre tuvimos uno cuando fuimos niños, pero nunca aprobó que vivieran dentro de la casa, y mucho menos que se sentaran a la par de la gente. Con Happy fue distinta, lo dejaba subirse al sofá y echarse muy a gusto a su lado. Él la acompañaba a todas partes como un angelito guardián de cuatro patas que vela sin descanso por su niña. Recostaba su cabeza sobre la pierna de mamá y le lamía la mano. En la primera ocasión que lo vi hacerlo lo regañé. Entonces ella me dijo: «Déjalo, mija», mientras con la otra mano le sobaba sus orejas interesantes y la cola alegre.

Tan pronto mi madre recuperó su vigor, el médico de cabecera le insistió en que iniciara una quimioterapia. «Las probabilidades de erradicar el cáncer por completo son muy pocas, señora, pero si no lo hace, no creo que viva más de un año», le aseguró. Mamá se negó a hacerle caso porque recordó a dos conocidas suyas que optaron por la quimioterapia para alargar su estadía en esta tierra. Una de ellas terminó en silla de ruedas y la otra, postrada en una cama. A mamá no le pareció que esa fuera una forma digna de seguir viviendo ni de comenzar a morir.

Con singular fortaleza, decidió prepararse a su manera para la despedida final. Me pidió que la ayudara a poner sus cosas en orden. Me había nombrado su representante legal desde que la ayudé a mediar con papá el proceso de su divorcio. Me instruyó que si en algún momento ella quedaba en estado vegetal, yo autorizara desconectarla del tubo. «No me vayas a dejar conectada a una máquina sufriendo por tiempo indefinido», me encargó. Visualizar ese posible momento me asustaba, hubiera preferido que eligiera a cualquier otro de mis hermanos. Asentí para no inquietarla. Le pedí a Robert que conversáramos con ella sobre sus bienes. A mamá repartir de forma equitativa, entre sus cinco retoños, la propiedad que heredó de la abuela Bernarda y el patrimonio que trabajó con papá y que ambos cuidaron con celo le daba mucha paz.

Para ponerse también en paz con la vida, con sus seres queridos y consigo misma, utilizó cuanta herramienta había adquirido en su camino. Continuó su trabajo voluntario y asistía a unos retiros con la mamá de una de mis hermanas adoptivas. Entre señoras se confiaban travesuras, inquietudes y cualquier otra cosa. Mamá no faltaba a su grupo de oración los viernes por la noche. En el apartamento seguía escribiendo lo que ella sentía, tal como le enseñé, para no quedarse con nada que la lastimara por dentro. Se relajaba armando rompecabezas conmigo; yo solía hacerlo desde la adolescencia, para canalizar mi exceso de energía. Mamá se admiraba de ver que seguía siendo uno de mis pasatiempos favoritos. Se animó a buscar algunas piezas para ayudarme. Después me sorprendió armando ella solita uno de mil piezas en dos semanas. Eligió el diseño de una sirena alegre en el mar, rodeada de plantas de colores vibrantes y animales marinos inofensivos. Le alegraba tanto ver ese colorido rompecabezas que lo colgamos en la pared del comedor.

También disfrutó mucho de la visita de mi hermana Claudia. Ella había sido esa hija mayor en la que una madre se apoya y a veces confía lo inconfesable. Hasta ya siendo una profesional independiente en Guatemala, mi hermana salía a comer los domingos con mis padres. Vivió de cerca algunos de sus desencuentros desagradables en la mesa de algún restaurante, antes de que estallara la confesión de papá. Para mi hermana fue muy difícil esta situación porque llevaba pocos años de haberse separado de su marido. Luchaba por rehacer su vida pese a no haber contado con el apoyo de mamá, que no entendía sus razones. Mi madre le insistía que regresara con su yerno, a quien ella apreciaba como a otro hijo. Mi cuñado supo ganarse su afecto y el de la familia. Se portaba muy atento con mamá, que, al inicio de su matrimonio con mi hermana, les alquilaba uno de los condominios de atrás de la casa por una cantidad menor a la acostumbrada. Mi viejita anhelaba que ahorraran dinero y pudieran comprarse su propia vivienda, lo cual lograron a los pocos años de casados. Así era mamá con cada uno de sus hijos, casados o solteros: ella hacía de resorte donde pudiéramos apoyarnos para agarrar impulso y seguir prosperando. Fue una bendición que mi hermana llegara a verla, ambas necesitaban ese espacio para resolver sus diferencias del pasado. Mamá le pidió perdón por no apoyarla durante su separación conyugal. Y la bendijo, deseándole que encontrara su felicidad al lado de alguien que también supiera querer y respetar a su nieta Laurita.

Mi madre aprovechó la visita de mi sobrina Laurita para practicar algunas melodías en un piano portátil de la sala. Ese pasatiempo las unía. Yo me extraviaba por ratos en el instrumento, tratando de encontrar el sonido de las notas, pero no desarrollé el oído de papá, quien, sin saber el do, re, mi, fa, sol, tocaba hasta marimba cuando andaba alegre en la casa. Tampoco tuve el verdadero interés que demostró mamá de aprender a sacarle música a las teclas. Ella practicaba con unos folletos de guía que obtuvo cuando tomaba clases particulares de piano en Guatemala, mientras mi viejo, supuestamente, iba a jugar al billar con sus amigos. «Enséñame a tocar Noche de paz, abuelita», le pidió mi sobrina. Mi madre la complació con mucho gusto. Fueron momentos benditos en los que recibió la atención de su nieta, que la admiraba y la animó a hacer cosas que la llenaron de armonía. Pero, en una de esas, mi viejita se entristeció un poco, porque ya se acercaba la fecha en que mi hermana y Laurita retornarían a Guatemala. Buscando cómo quitarle la tristeza, a mi sobrina se le ocurrió abrirle un correo electrónico para saludarse a diario.

—¿Qué nombre te gustaría ponerle a tu cuenta de Yahoo, abuelita?

—Uno alegre, mijita linda, para animarme cada vez que lo abra —le contestó mi viejita con voz tierna.

—¿Qué te parece si combinamos la palabra alegría con tu nombre de nacimiento, algo así como… Veralegría?

—Sí. ¡Me gusta mucho! Y dibuja unas mariposas chiquitas de colores que estén volando —le pidió mamá.

A sus setenta y siete años, con un pronóstico de salud en su contra, mi madre se reinventaba de nuevo. Se dejó bautizar con otro nombre y aprendió a teclear en una computadora para intercambiar mensajes por internet con su nieta.

41. Perdona quien más ama

Sentí como si mi vida y la de mi madre pendieran de una hebra a punto de romperse. «Vamos a reducir las posiciones a una que cubrirá el país entero. Todos califican para aplicar, pero solo una persona será elegida», nos informan en la compañía donde trabajo. Para entonces yo llevaba año y tres meses trabajando ahí, conocían mi ética de trabajo y mi tenacidad para alcanzar las metas que me pusieran. Así que apliqué y fui a las entrevistas. «Tú eres la persona que necesito en esa posición», decidió Keri, la supervisora que confió en mí dándome mi primer trabajo en la industria farmacéutica cuando yo era novata. Había sido mi jefa y mentora, y me enseñó las bases fundamentales para aprender rápido y tener éxito en este campo. Me daba la señal de que yo no le había fallado, pues otra vez me contrataba, y para una responsabilidad más grande.

Seguí representando a la compañía y disfrutaba mucho mi trabajo, hasta que los viajes se hicieron más frecuentes, largos y agotadores de lo que yo podía soportar a medida que la salud de mamá empeoraba. Subí cuarenta y cinco libras de peso, además de otras que ya tenía en exceso, en parte por el descontrol con el cambio de horario de un estado a otro. Viajaba tres veces a la semana de oriente a poniente para dar charlas educativas y fomentar buenas relaciones con líderes comunitarios. Llegó un momento en que no sabía qué hora del día era ni en qué ciudad estaba. Por otro lado, el estrés seguía castigándome sin misericordia. Los masajes y la punta

de un desatornillador no eran ya suficientes para deshacer el nudo de nervios; dormía sobre una bolsa de hielo,
intentando congelar el dolor.

«Lo más que le quedan a su mamá son seis meses de
vida», nos confirmó el último médico que la atendió de
emergencia. Sospechamos que el mal había regresado
cuando mamá perdió una buena cantidad de sus dientes. Ella había gozado de una dentadura impecable que
le envidiábamos todos, pero, ocho meses después de salir del hospital, resultó con caries profundas en la mayoría de sus muelas. Le molestaban desde hacía semanas,
pero ella soportaba en silencio sus dolores. «No quería
causarte más problemas, mijita. Te veo muy estresada.
Te he ocasionado tantos gastos y preocupaciones con
eso que se me quemaron tus sartenes porque me olvido
cuando dejo algo en el fuego», me explicó al preguntarle
por qué me había ocultado su malestar.

Su salud decaía rápido. Yo la llevaba al médico a
recoger los resultados de sus exámenes de laboratorio,
rogándole a Dios que algún mal se le hubiera controla-
do, pero regresábamos a casa con un frasco adicional de
pastillas para otra condición que comenzaba a desarrollarse. Me recordaba a los participantes que conocí en los
programas de LA Shanti, que desayunaban, almorzaban
y cenaban el montón de medicinas. La dentista nos advirtió que era posible que algún medicamento o el mismo cáncer estuviera afectando sus glándulas salivales,
pues casi no producían la saliva necesaria para proteger
el esmalte de los dientes. No se había equivocado; el infeliz cáncer —asesino— no se apiadó de mi pobre madre, regresó más agresivo y astuto. Se esparció con sigilo
por su cuerpo, aniquilando cada célula que encontraba
a su paso, afectando con mayor crueldad parte del híga-
do, su estómago y un riñón, que dejó inservible.

Robert me acompañó al hospital para darnos fuerza el uno al otro. Mamá había sufrido una recaída justo cuando fue a pasar unos días con él. En sus oraciones ella solo pedía a Dios que le diera tiempo de despedirse en persona de cada uno de sus hijos. Mi hermano y yo le dimos la mala noticia a la familia. Ella se quedó en casa de Robert casi dos meses. Dormía en el cuarto de uno de sus nietos, que le cedió su cama. Mientras tanto, mi noble cuñada, que apreciaba mucho a mamá, me ayudó a concretar los trámites de un programa para pacientes desahuciados que me recomendó el médico. Gracias a que por esos días le había salido su residencia a mamá, pudo calificar sin ningún problema. Ese programa le proporcionaría una cama de hospital, medicamentos y visitas regulares de enfermeras. Durante su estadía donde Robert, aprovecharon para desahogarse ellos dos solos. Ambos tenían mucho que decirse, que perdonarse, como en su momento lo haríamos cada uno de sus hijos, porque ninguno fue perfecto. Mis otros hermanos llegaron a verla cuando aún estaba consciente.

Mi hermana Cecilia me ayudó a traer a mamá de regreso a mi apartamento, donde habíamos vivido juntas los últimos tres años de su vida y nos habíamos confiado hasta lo indecible. Mi viejita quería estar en su cuarto, rodeada de sus imágenes y su rosario, escuchando en la radio plegarias y cantos de adoración a Dios y a su Virgen. Quién mejor que Cecilia para acompañarla con rezos unos días. Su primer nombre también es Vera, así la bautizó mamá porque cuando nació tenía morada la piel, los ojos llenos de chispa y el cabello rizado. Mamá pensó que sería morena y de cabello negro como ella. Al final, mi hermana tuvo la cabellera más clara de los cinco. Su piel sensible y nevada semejaba a la de papá. Pero en su devoción religiosa Cecilia fue y continúa siendo el reflejo de mi madre, de la abuela Bernarda y de las amigas que mamá conoció en su trabajo voluntario y en la

iglesia. Armé un horario para que las amigas de mi viejita llegaran a rezar por ella. Inclusive yo, que no creía
más en los rosarios, me sentaba al lado de su cama, en
su sillón rojo favorito, y le hacía de segunda voz en sus
plegarias. Ella recitaba la primera parte del «Dios te sal-
ve...» y yo repetía a coro: «Santa María, madre de Dios,
ruega por nosotros...». Rezábamos cada tarde, hasta
que su voz se fue apagando.

Por suerte, antes de que perdiera el habla por completo, llegó René, que seguía resentido con ella desde que
tuvieron un desacuerdo doméstico cuando ella aún vivía
en Guatemala. Ella no le había llamado la atención a la
pareja de un inquilino por estacionarse sin permiso en el
espacio de mi hermano, quien también alquilaba uno de
los condominios de la casa con su familia. Mi viejita estaba tan deprimida en esa época por la confesión de papá
que no tenía cabeza ni fuerza para lidiar con esas cosas
triviales. Pero René se ofendió tanto que a los pocos días
se mudó a otra casa que ya había comprado. Eso aumentó la tristeza de mi madre, que por primera vez necesitaba de nuestra paciencia, apoyo y comprensión. Sin nadie
de la familia viviendo en casa ni en los condominios de
atrás, mamá se sentía muy sola. Entonces, al igual que
Claudia, René comenzó a llegar algunos fines de semana
con su familia y su suegra para sacarla a pasear. Pero a
veces discutían con mi hermano por el mismo asunto relacionado al inquilino, y mamá se desahogaba llorando
por teléfono conmigo al regresar a casa. Aun cuando ella
se mudó a vivir a mi apartamento, René llamaba de larga
distancia para saludarla, y en varias ocasiones volvió a re-
clamarle. Mamá sentía sus reclamos como clavadas en el
pecho y se derrumbaba emocionalmente. Otra vez teníamos que comenzar su proceso de recuperación, pero eso
ya no importaba ahora que comenzaba a despedirse de la
vida terrenal.

Ella preguntaba por René a cada momento. Lo quería mucho. Detrás de aquel hombre, un padre de familia y profesional en leyes, igual que Robert, seguía viendo a su niño más chiquito; el que semejaba sus ojos avellanados, su hermoso color sombreado de piel y su cabello oscuro ondulado. Tan grande fue su amor de madre que la vida tuvo misericordia de ella y le dio tiempo de ver el corazón arrepentido de su hijo, su último pichón en dejar el nido en que nos formaron. Antes de despedirse, aprovecharon cada minuto para resolver esas discordias que los habían distanciado más de lo necesario.

El mal de mi madre demandaba más cuidados y yo necesitaba encontrar la manera y los medios de poder brindárselos. Hablé con mi supervisora para que me permitiera trabajar desde mi apartamento varias semanas. Siempre le agradeceré que confiara en mí y me apoyara. Luego me vi forzada a pedir mis vacaciones; había acumulado cerca de un mes, que tomé para cuidar de mi madre a tiempo completo. Pero el tiempo se pasó volando y solo me quedaba la opción de renunciar, cuando recibí una llamada de Liliana en la que me avisaba de una posición en la misma compañía donde ella trabajaba.

Era una corporación muy prestigiosa en todo el mundo por crear medicamentos avanzados para tratar el VIH. Si me contrataban, tendría que desarrollar iniciativas para mejorar el acceso de pacientes al cuidado médico; trabajar con los departamentos de marketing, ventas y capacitación para entender mejor cómo la compañía podía proveer un mejor servicio; educar a pacientes y profesionales de salud. La competencia para lograr la posición sería reñida, pero me preparé lo mejor que pude. Apliqué justo antes de que terminaran de reclutar candidatos para las entrevistas y comencé el acostumbrado proceso tedioso. El trabajo era a nivel local, así que, de conseguirlo, ya no pasaría el ochenta por ciento de mi vida viajando entre las nubes y trabajando en otros estados. Podría dormir en casa casi todas las noches para estar pendiente de mamá, algo que también la reconfortó a ella, que, aun en su lecho de muerte, pensaba en el bienestar de sus hijos, sobre todo en el mío y el de Robert.

Nos guardaba especial consideración porque habíamos vivido a miles de millas de distancia de nuestro país de origen desde muy jóvenes. Mi viejita rezaba por ambos, tenía las bendiciones en la punta de su lengua. Lo que más le preocupaba era nuestra salud. A los dos nos suplicaba que bajáramos de peso, habíamos encontrado en la comida un fiel aliado para anestesiar nuestras congojas. A mi hermano le diagnosticaron diabetes. Mamá sabía que se trataba de una condición delicada porque ganó experiencia ayudando a mi viejo a controlar la suya. Lo cuidó como si fuera otro hijo. Argumentaba con él, obligándolo a comer lo que ella cocinaba, de acuerdo con las recomendaciones del médico, y hasta le quitaba de la boca los dulces, que tenía prohibidos. Con esa misma devoción intentó ayudar a Robert cuando este ya era un hombre casado por segunda vez y con cuatro hijos. Viajó para quedarse con él unos meses. Le preparaba una dieta especial baja en grasas, carbohidratos y azúcar, para ayudarlo a adelgazar. Sus esfuerzos funcionaron, pero tan pronto se marchó a Guatemala, Robert mandó también de viaje la dieta, recuperando el peso perdido. Mamá no quería que la diabetes le avanzara a él ni que yo fuera la próxima en desarrollarla. «Le pido mucho a Dios por vos, mijita linda. Ya verás que sí te dan ese trabajo —me repetía todos los días—. Te va a ser más fácil controlar lo que comes».

Yo lo único que anhelaba era ganarle tiempo al tiempo para compartirlo todo con ella. Mi hermana mayor pidió permiso en su empleo para venir otra semana a ayudarme con mamá. Fue un alivio para mí, me sentía muy agotada. El nudo en mi espalda demoraba más en deshacerse y menos tiempo en volverme a apretar. Sentía la cabeza como una olla de presión a punto de explotar, en especial cuando vi a la enfermera jalarle con fuerza el pañal a mamá. «Aguántese, señora», le dijo en respuesta a un quejido que salió de los labios de mi viejita, solo porque el dolor debió de ser más fuerte que su forzado silencio. Saqué a la insensible mujer de mi apartamento, pues nadie maltrataría a mi madre, como hicieron en el asilo de ancianos con la abuela americana que cuidé en mi primer empleo en este país. Preferí conseguir una enfermera privada, aunque siguiera endeudándome, a recibir gratuitamente de un programa del gobierno el mal servicio de una mujer sin vocación.

Claudia y yo entrevistamos a varias enfermeras. Si alguna nos convencía, se la presentábamos a mamá para que ella tomara la decisión final. Seleccionó a Victoria, una señora guatemalteca de edad media. Antes de trabajar cuidando a moribundos había sido monja dos decenas de años; conocía a pulso las plegarias, los fragmentos bíblicos y algunos cánticos carismáticos modernos. Con la ayuda de Victoria, fue más fácil cambiarle el pañal a mamá, y varias veces al día, para evitar que se escaldara. «¿Me das permiso, madrecita, de pasar una toalla entre tus piernas para limpiarte?», le preguntábamos con Claudia para mostrarle a la nueva enfermera cómo debía tratar a nuestra madre. Mamá parpadeaba una vez en señal de que accedía, y dos cuando estaba en desacuerdo. Victoria jamás fue grosera con ella, al contrario, le hablaba con dulzura y respeto como si fuera hija suya. ¡Bendita sea Victoria!

42. La despedida

Viajamos con mamá a un pasado alegre y sanador la noche de Acción de Gracias. La ayudé a caminar paso a paso para llegar al sofá blanco de la sala, donde la saludaron afablemente mis hermanas adoptivas con sus familias y mi novia, Hafiza. Mi novia era una mujer muy afectuosa, sabia y espiritual. Supo ganarse en pocos días la simpatía de mi familia biológica, la de mis hermanas adoptivas y la de mis amigos. Y también se ganó el afecto de mi madre. «Esta veladora especial representa el principio y el fin en la fe católica. Se la obsequio con mucho cariño. ¡Que Dios la acompañe y la bendiga siempre!», le dijo mamá a Hafiza esa noche de agradecimiento.

Era costumbre reunirnos con mi familia adoptiva para las fechas festivas. A mamá le daba gracia escuchar nuestras conversaciones y lo mucho que disfrutábamos nuestros encuentros familiares. «Me recuerdan a las Navidades en casa de tu abuela Bernarda, cuando vos y tus hermanos eran chiquitos», me decía. A mí me recordaban a esas fiestas y las que compartí de adolescente con mis primas en la capital. Después de que nos mudáramos con mi familia a la casa grande, ya no viajábamos al pueblo porque mis padres temían que los ladrones aprovecharan nuestra ausencia para vaciarnos la casa. Me adapté rápido al cambio; extrañaba a mis primos, que iban a ver a la abuela, pero también quería mucho a las hijas de la hermana mayor de mamá, que vivía en la ciudad. Mi tía hacía tamales más ricos que los de la

abuela, que en paz descanse, y que me perdone si la trai-
ciono. Esas manos de mi tía eran sagradas, me lo recordaban los nueve tamales que alegraban mi estómago en
Navidad. Cada 24 de diciembre en la mañana yo llegaba
a pie o en bicicleta a su casa. Pasábamos el día hablando de cosas alegres y otras algo tristes que ocurrieron
durante el año, y de nuestros deseos por pasar mejores
momentos a partir del año nuevo. Mi tía solía decir que
de la misma manera que uno comienza enero termina
diciembre, así que era muy importante vestir nuestra
mente y corazón de optimismo el primer día del año.
Entre historias y supersticiones, nos deleitábamos con
esa deliciosa masa recién cocida y sazonada con el amor
de mi tía.

Estas y otras lindas memorias endulzaban un poco
el trago amargo que vivíamos con mamá en el presente.
Esa noche de Acción de Gracias fue la última vez que
ella caminó. Claudia y yo comenzamos a planear con
mamá cómo comunicarnos a medida que siguiera debi-
litándose cada miembro de su cuerpo. Cuando no pudo
levantarse de la cama, pusimos una campanilla cerca de
su mano. La sonaba si necesitaba algo. Una noche nos
pidió ayuda para a ir al baño porque quería lavar sus
prótesis dentales. «Viejita, tus piernas ya no te sostienen.
No puedes levantarte —le recordamos—. Si me dan permiso, voy y vengo en una carrerita», nos contestó como
una niña que le consulta a su madre. Enmudecí con mi
hermana y la abrazamos aguantando el llanto. Tuve que
llevarle a la cama una palangana pequeña con agua tibia
para que pusiera su dentadura en remojo.

El día antes de que Claudia se despidiera, ayudamos a mamá a seleccionar su vestuario y otras cosas
para el día de su partida de este mundo. Eligió un pantalón negro con una blusa roja manga larga. «El resto
de mi ropa llévala con la hermana Maggie, mijita, que

la reparta entre esa pobre gente que cruza el desierto y no tienen qué ponerse», me pidió. Quería un ataúd blanco con la imagen del niño Jesús, a quien le oraba cada noche, rogándole que se la llevara pronto cargada entre sus brazos. No sé de dónde saqué el valor para ir a apartar el féretro en la funeraria. En el interior de esa caja blanca guardaría los tesoros más preciados que me regaló mi madre. Su vientre, que gestó mi existencia durante nueve meses; sus brazos alborozados, que me cobijaron al nacer; sus manos pacientes, que me enseñaron a dibujar mi primer abecedario; sus oídos atentos, que escucharon mis quejas y mis anhelos; sus dos pupilas, que lloraron mis penas como si fueran suyas; sus labios jubilosos de verme llegar a casa; su voz, que pronunció infinitas palabras de aliento. Guardaría también el corazón generoso que perdonó mis faltas y que me amó con la misma inmensidad y frescura con que brota el agua de un manantial. En esa caja blanca viajaría rumbo a Guatemala, donde la esperaría mi hermana mayor para llevarla al mausoleo familiar que ella inauguraría el día de su entierro.

Sus últimos consejos de sabiduría y sus gestos de cariño se grabaron en mi mente: «Sé feliz, mija linda —le dijo a Claudia—. Al mal tiempo, buena cara, que solo la muerte no tiene remedio». Desde que éramos pequeños nos decía esa frase. Admirábamos la certeza con que la repetía en su lecho de muerte. «No cambies tu manera de ser, mijita. Termina de escribir tu libro y seguí motivando a otros. Esa es tu misión», me aseguró a mí, con una mirada de total aceptación que abrigó con dulzura mi espíritu.

El sacerdote llegaba una vez a la semana a darle un pedacito de hostia. Yo mojaba su lengua con un gotero porque ella ya no podía tragar ni mover sus labios. Solo movía los dedos. Si levantaba el índice, era señal de negativa; si no lo movía, es que estaba de acuerdo. La última vez que todavía abrió sus ojos me miró con una ternura inexplicable. Cuando alguien lo mira a uno de esa manera, con el amor más desinteresado que existe, alcanza para toda la vida. Es imposible quedárselo guardado. Dan ganas de regalarlo a manos llenas, en el aire que exhalamos, en las lágrimas que purifican nuestra alma, en los abrazos que nos regala la gente. En ese intercambio de energía vuelvo a sentir la bendición de su mirada amorosa, el calor de su amparo, su amor infinito.

Nos turnábamos con la enfermera para velarla de noche. Era el único modo de saber si debíamos suministrarle otra dosis de morfina, como recetó el médico, para adormecer el maldito dolor que acometía de repente. Me estrujaba el corazón ver tan vulnerable a quien fuera la roca de mi familia, el pilar que nos sostuvo en los momentos de prueba y nos mantuvo unidos. Nadie podía salvarla de su destino. Cada noche me iba a la cama preguntándome: «¿Qué facultad perderá mañana? ¿Podrá mover aún sus dedos? ¿Podrá escucharme? ¿Tendré la fortaleza necesaria para seguir cuidándola como se merece, como ella me cuidó a mí desde que yo era una bebé indefensa luchando por sobrevivir?». Se llegó el momento en que su respiración, conectada a un tanque de oxígeno, era la única señal de vida que teníamos de ella. Una impotencia abismal dobleó mis rodillas. Le supliqué a Dios, casi retándolo: «Si no vas a hacer el milagro de levantarla de esa cama, por misericordia, ¡otórgale el descanso eterno!».

Organicé una pequeña vigilia, por si aún podía escucharnos. Llamé a mi vecina de enfrente, que a diario llegaba a verla para ayudar a la enfermera, mientras yo salía hacer algún mandado. Entre las tres cantábamos y orábamos por mamá hasta pasada la media noche. Al

terminar, me acosté a su lado. Victoria me ayudó a aco-
modar las barandas de la cama, para no caerme al suelo
por si me daba la vuelta con un mal sueño. En la madrugada, la mano de mamá me despertó dándome un
golpe en mi barbilla. Sus ojos estaban abiertos. Al principio creí que se trataba de un milagro. «¡Mi madre movió
la mano, Victoria!», grité con esperanza. Fue una señal
fallida. Su mirada se clavó en la imagen de la virgen. Su
respiración se hacía más lenta cada minuto. No parpadeaba ni se movía. Parecía que solo hubiese despertado
para despedirse de mí.

«Su mamá no quiere irse —me aseguró Victoria—.
Háblele al oído. Dígale que todos sus hijos van a estar
bien. Usted y sus hermanos eran su mayor pendiente».
«Madrecita —comencé a susurrarle besándole su frente
aún tibia—, no te preocupes de nada, viejita. Gracias por
tu paciencia, por haberme enseñado a leer y escribir, por
bendecirme con tus oraciones, por perdonar mis ofensas, por aceptarme tal como soy. En nombre de René,
Claudia, Cecilia y Robert, y también en nombre de papá,
¡gracias, gracias, gracias! Bendita seas, madrecita, por
amarnos tanto. Vete tranquila, Veralegría. Cumpliste tu
misión en esta vida. Al rato nos vemos en un lugar donde la enfermedad y el dolor ya no puedan alcanzarnos.
Descansa en paz». Le repetía las mismas palabras mientras seguía besando su frente, sosteniendo con amor
su cabeza entre mis brazos, así como ella sostuvo a la
abuela Bernarda la noche de su fallecimiento y con la
misma ternura que a mí, de recién nacida, me arrulló en
los suyos.

Esa mañana le envié un mensaje a mi viejo a su correo electrónico para informarle de mamá. Él siempre
estuvo pendiente de su salud. Cada sábado, cuando hablábamos por teléfono, preguntaba por ella. Sufría mucho de saberla enferma, se sentía responsable. A las dos

horas de haber recibido mi correo, contestó: «Hijita, creo
que tu mamá vino a despedirse. Hoy desperté más temprano que de costumbre. Sentí una gran necesidad de
ir a la iglesia para pedirle perdón otra vez por haberla
lastimado. Al terminar de orar, una paz muy profunda
que nunca había sentido me llenó el corazón».

43. Vuelvo a soñar

Mi viejo no pudo reponerse a la pérdida de mamá; seguía vivo por el amor de mis hermanos más pequeños, que aún dependían de él. Ya le costaba escuchar bien por teléfono, se le olvidaban las cosas y repetía algo que había dicho diez minutos antes. Se sentía abatido por los años. Enfermo. Cansado. La última vez que lo vi lo encontré tan flaco que sentí sus costillas en un abrazo. Con dolor de huesos y un ojo medio ciego, madrugaba todos los días para ir a trabajar. Usaba una lupa para ver bien los números.

Gracias a que la oficina de Benjamín quedaba cerca de la suya, mi hermano lo llevaba al trabajo luego de dejar a Selena y a Antonio en sus colegios. Papá decía que Benjamín era un muchacho muy responsable y maduro para su edad. Trabajaba y había comenzado a estudiar en la universidad. Con la misma admiración se expresaba de Antonio, que soñaba con estudiar Medicina una vez que saliera del bachiller, y de Selena, que quería ser maestra. Los tres fueron muy amorosos con él, comprensivos y nobles. Supieron perdonarlo. Es más, nunca lo juzgaron. Pero a mi viejo lo angustiaba la posibilidad de morirse antes de darles una carrera que les permitiera valerse por sí solos. Le prometí apoyarlos con su educación si él llegaba a faltarles. Cómo no iba a ofrecérselo, si el espíritu de mamá, desde algún espacio en el universo, me seguía bendiciendo.

La misma mañana en que murió comenzó a comunicarse conmigo a través de señales. Ese día llamaron de la compañía donde mi viejita soñaba que me contrataran. Me ofrecieron el trabajo. En mi nuevo empleo me asignaron un vehículo rojo como parte de los beneficios. Cuando lo recogí en la sucursal de carros, los empleados me contaron la historia de una paloma herida. Por alguna razón, sintieron que yo debía escucharla. Dijeron que por dos semanas la paloma se posaba sobre el techo del auto en las mañanas. Llevaba una venda en su pata derecha. Trataron de agarrarla para curarle bien la herida, pero el ave no se dejó atrapar. A diario le ponían comida y agua para ayudarla a sobrevivir. El día que recibieron la orden de entregarme el auto, vieron a la paloma alzar su vuelo de repente. Ya no tenía la venda. Habrá sido un mensaje de mamá, como queriendo decirme que seguía pendiente de mí y que había llegado mi hora de volar.

A los pocos meses de su fallecimiento tuve que buscar otra vivienda. Al principio no quería mudarme del apartamento donde convivimos durante sus últimos años de vida. Las memorias compartidas en ese lugar no me permitían dejarla ir por completo. Pero, una noche, Happy andaba inquieto por los ruidos extraños que provenían de la cocina. Me levanté a ver qué pasaba. Observé una cola negra, larga y muy delgada que sobresalía por encima de una caja de cereales en el refrigerador. Me acerqué en silencio y subí en una escalera para confirmar lo que imaginaba. Una rata negra, gorda y peluda merendaba con entusiasmo. Llamé a la gerente del edificio para que fuera a sacarla, pero cuando mandó a su asistente el roedor ya se había escondido. Me sugirió que mantuviera la puerta del balcón cerrada para que no se metiera otro animal. Su respuesta indiferente me motivó a considerar el consejo de mamá, quien en vida siempre nos sugirió a sus hijos hacernos de una casita. No era seguro que yo pudiera lograrlo, pues mis adeudos seguían siendo muchos en ese momento. Me ayudó que devengaba un buen salario que me permitía estar al día con mis pagos, eso favorecía mi crédito. Por otro lado, la mala economía que atravesaba el país hizo que el valor de las propiedades cayera casi el cincuenta por ciento. Y como compradora primeriza calificaba para dar menos del porcentaje usualmente requerido. Además, justo por esas fechas recibí una carta de la compañía alemana para la cual trabajé cuando mamá aún vivía. Me daban la opción de transferir mi cuenta de retiro a una actual. Era una cuenta a la que, sin percatarme de tan pendiente que anduve de mamá, cada mes me depositaban una cantidad que automáticamente descontaban de mi cheque. Este era un buen momento de usar un porcentaje de ese dinero y ajustar para el enganche. No perdía nada con intentarlo. Todo apuntaba a mi favor.

Con el agente de bienes raíces imprimimos de la internet una lista de casas que me gustaron y que encajaban dentro de mi presupuesto. En tres días encontré una que estaba vieja y parecía un rancho abandonado. Me llamaron la atención los árboles y las palmeras altas que la rodeaban como si fuera un bungaló cerca de la playa. Me recordaba al puerto que tantas veces visitamos en familia con mis primos más queridos; al colegio de las hermanas de la caridad; al jardín de rosas y frutales de la casa de mis padres. Regresé varias veces a diferente hora para tomarle fotos y observar el movimiento del área. Quería asegurarme de que no fuera peligrosa. Al revisar las fotos vi los rayos del sol atravesando la parte central del árbol de enfrente. Daba la impresión de haber plasmado la imagen del Santísimo, en quien mamá depositaba su fe. Lo interpreté como una señal de que debía confiar en el proceso y puse una oferta. Los dueños de la propiedad la aceptaron y el banco aprobó el préstamo. Puede llevar meses completar una transacción de compra y venta, pero en mi caso tomó cerca de cuarenta días. El 14 de diciembre, mismo día en que mamá había fallecido el año anterior, me entregaron las llaves de mi nuevo hogar.

Curiosamente, la noche antes de recoger las llaves de la casa recibí un reconocimiento que me hizo sentir de nuevo muy cerca a mamá. Life Group LA, un grupo que tomó el modelo de LA Shanti para seguir transformando la vida de cientos de personas que viven con VIH, me otorgó el premio Ángel Guardian. Habían pasado exactamente doce meses desde aquella noche en que dormí al lado de mi madre, velando su último sueño en vida.

Al otro año, también un 14 de diciembre, viajé con Liliana a algunos países europeos que mi madre había visitado en vida. Llevaba una década queriendo hacerlo; por falta de dinero y las circunstancias que se dieron, había decidido posponer ese sueño temporalmente. Pero mi amiga, muy generosa, me sorprendió invitándome a compartir su cuarto de hotel en cada ciudad, y en cada una sentí la presencia de mi madre, como si anduviéramos juntas en peregrinación. En medio de una noche fría que subí a la cúspide de la Torre Eiffel en París, sentí su perfume con olor a rosas y la caricia momentánea de un aire cálido. En el concierto decembrino en un teatro de Londres, interpretaron algunos cánticos navideños que a ella tanto le gustaban. Cuando visité Ámsterdam, donde la gente camina tranquila sin importar su orientación sexual ni identidad de género, pensé en la extraordinaria evolución interior de mi madre, que en el ocaso de su vida supo comprenderme y aceptarme en mi totalidad. En Barcelona, en una Nochebuena en que nos perdimos con Liliana en la gran ciudad, esperamos la Navidad escuchando música al aire libre en una plaza que me recordaba al parque colonial de Antigua Guatemala, el lugar favorito de mi madre. Allí vivió su luna de miel con papá y disfrutamos en familia incontables fines de semana.

Dos años y medio después del fallecimiento de mamá, recibí una llamada de Benjamín: «Murió nuestro viejito —me dijo llorando—, se le paró el corazón». Me costó asimilarlo. Había hablado con papá la tarde del día anterior, como acostumbrábamos a hacer todos los sábados. Benjamín me explicó que lo llevaron al hospital en un intento fallido por resucitarlo. Sus ojos se habían cerrado mientras descansaba en su cama bien abrigado, recién bañado, sonriente, viendo Chespirito, un programa cómico que también solía mirar con sus hijos de la primera familia cuando aún éramos niños. Se había marchado mi padre y amigo. El hombre que, junto a mamá, si bien cometió errores, como cualquier ser humano, también hizo cosas extraordinarias que no todos son capaces de hacer.

Escrito estaba que una mañana soleada, mi viejo, vendiendo boletos de la lotería conocería a mi madre. Ella sería su mayor premio, le entregó su corazón a flor de piel. Cuarenta y seis años caminarían de la mano por la escuela de la vida. Juntos engendrarían cinco hijos que ellos aprendieron a amar por encima de nuestros desaciertos y de los suyos. Y el tiempo, maestro justo, sabio y preciso, nos enseñaría a perdonarnos unos a otros y a nosotros mismos, para alcanzar nuestra propia redención.

Sobreponernos a la pérdida física de ambos ha representado un proceso de adaptación para todos. Para mis tres hermanitos menores, perder a mi viejo a temprana edad fue un choque emocional por partida doble. A menudo me cuentan cuánto lo extrañan. Ya han pasado seis años de su muerte y mis hermanos siguen haciendo su lucha de salir adelante para honrar su memoria. Benjamín es un joven exitoso en su trabajo, entrena y motiva a otros empleados en varias partes de Guatemala y otros países de Centroamérica. En un año se gradúa en Administración de Empresas. Antonio se graduó con honores del bachillerato, y recién cerró con excelentes calificaciones su quinto año de Medicina. Selena fue elegida presidenta de su grupo de promoción y se graduó como maestra de párvulos. Trabaja en una escuela y ya terminó en la universidad su segundo año en la carrera de Nutrición. Los tres son buenos hijos que cuidan de su madre y de una abuela enferma. Me siento tan orgullosa de ellos como seguramente se hubiese sentido papá.

Yo quedé endeudada después de la muerte de mamá, pero en mi empleo he ido prosperando. Me promovieron varias veces y he recibido múltiples premios importantes por mi liderazgo y por hacer una diferencia en la comunidad. Hace poco gané el President's Club y el premio Impacto, dos galardones de honor que la compañía le otorga a un grupo selecto de trabajadores. De a poco fui saldando mis deudas. Irónicamente, no pudimos vender la casa que mamá nos heredó a sus cinco hijos hasta cinco años después de su muerte. El dinero se repartió en partes iguales para honrar su voluntad, aunque recibimos poco porque para entonces el inmueble se había devaluado. Gracias a mi trabajo y el aumento de sueldo, salí adelante con mis compromisos económicos por mí misma. Hasta pude realizar mi sueño de apoyar el talento artístico de latinos inmigrantes.

Tomé el cargo de productora ejecutiva de la obra teatral Bajo la piel, del teatro Akabal, escrita por Fernanda Milán, Victoria García Peña y el director guatemalteco Emanuel Loarca. Es una serie de monólogos acompañados de música, poesía y danza que exploran la experiencia humana de la comunidad LGBTQ. Celebran nuestra valentía para abogar por nuestros derechos a la igualdad y al amor. Llevamos la obra en dos idiomas a la ciudad de West Hollywood, donde su audiencia la acogió con éxito y fue elogiada por varios críticos de teatro. Mi hermano mayor pudo acompañarme y, seguramente, mis padres celebraron en espíritu junto a nosotros ese momento mágico.

Sigo viviendo en la misma casa que compré al año de morir mamá. La he convertido en un espacio cálido lleno de paz. En su silencio, reflexiono por las noches y sigo trabajando en mi propio crecimiento. Aprendo cosas nuevas de mí misma, de la vida y de otras personas. Me doy cuenta de que este proceso termina solo cuando el aire ya no llega a los pulmones y el corazón no bombea más. En esta casa sencilla sigo celebrando el 4 de julio y el Día de Acción de Gracias cada año con mis hermanas adoptivas y con los cuñados y sobrinos que ellas me han regalado.

Poco a poco la he ido remodelando. Pinté un cuarto de rojo y en sus paredes colgué cuadros con mensajes alentadores. Dentro de sus paredes se han hospedado algunas personas por temporadas cortas para desahogar sus penas, sanar heridas y nutrir nuevas ilusiones para encaminar de nuevo su sendero. Ha acogido con amor a mis tres hermanos mayores, que han viajado a visitarme. Falta que venga mi hermano chico por parte de mamá, y espera también la llegada de mis tres hermanos más pequeños, a quienes anhelo llevar a conocer Disneyland. Otro cuarto lo acomodé para hacer meditación; algunos amigos y familiares suelen descansar ahí en busca de sosiego. En ese cuartito, sobre una alfombra de estrellas, frente a un altar que hice en honor a la memoria de mis viejos, nació este libro. Con él cumplo al fin la última voluntad de mi madre, de llevarle a otros entre sus páginas un poco de amor, fortaleza y esperanza.

En mi aposento llevo una vida que me llena el alma. Con las ventanas abiertas, saludando al cielo, realizo mis meditaciones mañaneras. En sus jardines escucho el gorjeo de las aves y el ruido de los árboles meciendo sus ramas al ritmo del aire. Veo las ardillas correteando o comiendo frutillas. Siempre me acompaña Happy, que ahora no despega su mirada dulce y profunda de mí. Disfruto a diario de la buena lectura, escribo algunas historias y tejo nuevos sueños, sintiendo que me envuelve el espíritu armonioso de mis padres.

Made in the USA
Coppell, TX
22 June 2020